" ENSÉÑANOS

A

ORAR "

Nahum Rosario

"ENSÉÑANOS

a

ORAR"

Nueva Edición revisada, ampliada y expandida.

Chicago, IL, USA

A menos que se indique lo contrario, todas las Citas Bíblicas fueron tomadas de la Santa Biblia, Reina Valera, Revisión 1960.

ENSÉÑANOS A ORAR

Publicado por:

Publicaciones Maranatha

4301 W. Diversey Ave.

Chicago, IL 60639 U.S.A.

www.MaranathaInternacional.conm

Teléfono (773) 384-7717

Primera Edición – Julio de 2004

Segunda Edición- marzo de 2021

ISBN: 978-1-7334664-4-8

Impreso en los Estados Unidos de América.

CONTENIDO

Introducción

Pocas cosas son tan importantes para un cristiano como el saber orar. El grado de poder, santidad y victoria de todo creyente es determinado en una gran medida por el tiempo que pasa en la presencia de Dios buscando su rostro. Es innegable la realidad que la razón por la cual la iglesia, los creyentes y los púlpitos carecen de vida y de poder, reside en el hecho de que el cristianismo moderno ha substituido la búsqueda de Dios en oración por otras actividades.

No podemos ignorar que hay una gran escasez de poder en la iglesia moderna. Hemos llegado a creer que somos más inteligentes que Jesús y los padres de la iglesia. Tanto Jesús como sus apóstoles, que fueron el fundamento de la primera iglesia, conocían muy bien la realidad de que sin tener una vida de oración no podrían operar en el poder de Dios, y menos ser Sus instrumentos para destruir las obras del diablo. Parece que nos hemos dejado engañar creyendo que la técnica moderna, la teología, los programas de crecimiento, la retórica y la sabiduría de la mente humana, pueden traer cambios permanentes a esta humanidad.

Me atrevo afirmar sin temor a equivocarme, que lo más importante para un creyente, y especialmente para un ministro, es mantener una comunión diaria con Dios. Nos quejamos de la falta de poder y de la ausencia de milagros, pero se nos olvida que la razón de esta carencia espiritual es la falta de conexión con Dios. Si Jesús siendo el impecable hijo de Dios, reconocía que no podía pasar un día sin tener comunión con Su Padre en oración, ¿haremos nosotros menos que Él, sabiendo que diariamente estamos rodeados tanto de debilidad humana como de la actividad del diablo en contra nuestra?

Permite que te cite unas palabras de Smith Wigglesworth: "Amados, era muy natural para Jesús, después de haber servido un día entero entre las multitudes, el querer ir a Su Padre y orar toda la noche. ¿Por qué? Él quería una fuente de fortaleza y poder; Él quería una asociación con su padre que trajera todo lo demás a un lugar de sumisión." Este es el secreto de vivir una vida cómo la de Jesús. Esta vida fue lo que motivó a uno de los discípulos de Jesús a hacer la petición que inspiró este libro. *"Señor, enséñanos a orar."*

Este libro es el resultado de muchos años de estudiar y orar el Padre Nuestro. El material que leerás a continuación me ha costado largas horas de búsqueda en la presencia del Padre. No fue hasta que sentí que era el tiempo de Dios que escribí este libro. Es mi oración a Dios que este escrito te provoque a orar y a buscar la comunión íntima de Jehová. No te estoy dando un programa más de oración, sino la revelación de la oración que Jesús le enseñó a sus discípulos. Esta oración cambió mi vida y mi ministerio, y espero que haga lo mismo contigo. Que cada día también tú le pidas al Maestro: *"ENSÉÑANOS A ORAR."*

En el amor de Cristo,

Siervo de Jesús

Chicago, Il

20 de octubre de 2003

Capítulo 1

" SEÑOR, ENSEÑANOS A ORAR"

"Aconteció que estaba Jesús orando en un lugar, y cuando terminó, uno de sus discípulos le dijo: Señor, enséñanos a orar." Lucas 11:1

Señor, enséñanos a orar." ¡Qué imperiosa necesidad se refleja en estas pocas palabras! Es el anhelo de alguien que sabe que no sabe orar cómo debiera. Es el deseo interno del corazón del discípulo de Jesús que tiene una gran responsabilidad en sus hombros y no sabe cómo enfrentarse a ella. Es el clamor del hombre y la mujer que saben que hay una dimensión en la oración, la cual ellos aún no han alcanzado. **"Enséñanos a orar"** es la admisión de que muchas veces hemos fracasado en nuestros balbuceos de oración y nos hemos retirado del lugar de la oración con la incertidumbre de cuál haya sido el resultado de la plegaria que le hemos elevado al Padre.

9

"Enséñanos a orar" es una muestra de humildad en todo aquel que es sincero y dedicado en su vida de oración, pero se da cuenta que muchas veces no da en el blanco, *pues qué hemos de pedir cómo conviene, no lo sabemos* (Romanos 8:28).

Los discípulos se encontraron en la misma disyuntiva que nos hemos encontrado nosotros como hijos de Dios. Ellos habían observado cuidadosamente la vida y los hábitos de oración de su Maestro. Lo habían visto levantarse muy de temprano para buscar el rostro del Padre antes de enfrentarse a ministrar a las multitudes. Ellos sabían que el hecho que ellos eran sus discípulos era el resultado de haber pasado una noche orando al Padre, buscando la mente del Padre para escoger las primeras columnas de la iglesia. ¡Cuántas veces, después de terminar un día ocupado de ministerio, los había dejado despidiendo a la multitud mientras Él se iba al monte a orar a solas hasta las altas horas de la madrugada! Los discípulos sabían que había algo diferente en la vida de oración de este hombre por las evidencias de lo que sucedía cuando Jesús ministraba.

"Señor, enséñanos a orar." En una ocasión uno de sus discípulos le hizo esta petición al Señor Jesús. Lucas nos relata que Jesús estaba orando en cierto lugar. Esta petición de este discípulo me hace pensar que él estaba observando y oyendo la forma cómo Jesús estaba orando. Algo sobre la forma y el espíritu de la oración de Jesús impresionó tanto a este discípulo que enseguida que Jesús terminó de orar le dijo: *"Señor, enséñanos a orar como también Juan enseñó a sus discípulos."* Creo que este discípulo comprendió que el secreto de la vida y el poder que tenía Jesús estaba enraizado en la vida de oración que Él practicaba diariamente.

"Enséñanos a orar" es una indicación de hambre y necesidad de parte de quien hace la petición. Es una realidad que hay personas que tienen necesidad, pero no tienen suficiente hambre para correr al lugar o a la persona indicada para suplir esa necesidad. Solamente los humildes pueden admitir que necesitan aprender de alguien que sabe más que ellos. ¡Qué importante es que caminemos con gente que tenga más que nosotros, a quienes podamos mirar e imitar en nuestra vida espiritual! Es evidente que sólo le decimos a alguien que nos enseñe a hacer lo que él practica, cuando hemos visto el resultado de lo que esa persona hace. No seamos cómo aquellos que saben que hay mediocridad y pobreza en su vida de oración, pero por su orgullo no quieren admitirlo ante otros. Este discípulo debería ser nuestro ejemplo para que también vengamos donde el Señor y le pidamos: **"Enséñanos a orar."**

"Enséñanos a orar", es la actitud del sabio que oirá y aumentará el saber. El sabio no se define tanto por lo que sabe, sino por que admite que hay mucho más que él no sabe, y porque está dispuesto a aprender y a hacer lo que sea necesario para funcionar en un nivel superior al que él está actualmente. El tener un espíritu enseñable es un requisito fundamental en toda persona que quiera avanzar en las disciplinas espirituales, especialmente en la vida de oración e intercesión. Una vez le comenté a uno de los pastores del ministerio que presido: "Estoy aprendiendo a orar." Él se sorprendió que yo decía eso después de 29 años de ministerio fructífero, tanto en

Chicago como en las naciones. Te aseguro que esta es la pura verdad. Por eso es que estoy escribiendo este libro, donde comparto un poco de lo que estoy aprendiendo en la escuela de la oración. **"Señor, enséñanos a orar."**

"Enséñanos a orar" reconoce la existencia de un maestro docto en la materia, quien está aprobado y capacitado para compartir su profundo conocimiento de oración con los que quieren ser sus discípulos. Jesús no es como otros maestros, que sólo enseñan lo que saben. Jesús es el Maestro ejemplar que antes de enseñar algo, lo puso tan en práctica que fue el discípulo quien pidió ser enseñado, y no el profesor ofreciendo su cátedra. El mejor maestro, en cualquier materia, es el que sabe que la teoría sin la práctica equivale a un fracaso. Jesús se había graduado de la escuela de la oración, después de haber sido entrenado por el Padre en las muchas horas que pasó a solas con Él preparándose para la tarea de redimir a una humanidad perdida. Por eso dice: *"Y Cristo, en los días de su carne, ofreciendo ruegos y súplicas con gran clamor y lágrimas Al que le podía librar de la muerte, fue oído a causa de su temor reverente. Y aunque era Hijo, por lo que padeció aprendió la obediencia"* (Hebreos 5:7-8).

"Enséñanos a orar" presupone que hay un alumno que quiere matricularse en la Escuela del Espíritu, y está dispuesto hacer lo que sea necesario para aprender la materia. Este alumno no viene con una idea preconcebida de lo que quiere aprender porque cuando él dijo, **"enséñanos a orar"** admitió que él no sabe nada acerca de la materia de oración. En muchas ocasiones el alumno de esta escuela tendrá que desaprender conceptos, creencias y prácticas, que quizás ha usado por muchos años, pero ahora ha comprendido que no le han dado los resultados que él ha observado en su Maestro. Cualquiera que le diga a Jesús **"Enséñanos a orar"**, tiene que estar dispuesto a ser corregido y debe entender que él está en las manos de su Maestro para hacer su voluntad. El que se apuntó en esta escuela tendrá que disciplinarse a asistir a clases con regularidad, a hacer la tarea que se le ordene, y estar bien preparado para que no salga reprobado cuando el diablo o la vida le den la prueba por lo que ha aprendido.

"Enséñanos a orar." Casi siempre que nos matriculamos en un curso hay un libro de texto. El alumno es responsable de leer y estudiar el material que el maestro le asigne. Es cierto que Jesús no usó ningún libro de texto para enseñar a orar a sus discípulos, porque Él mismo es el Verbo de Dios. Jesús nos enseña a orar de acuerdo a la voluntad del Padre, y esa voluntad solamente se encuentra en el libro donde el Padre la ha revelado, las Santas Escrituras. No hay que salir fuera de este libro de texto para aprender a orar. La Biblia no sólo nos dice cómo orar, sino que nos da infinidad de ejemplos de cómo los que oraron de acuerdo a la Palabra y de acuerdo a la voluntad de Dios, tuvieron siempre respuestas a sus oraciones.

"Enséñanos a orar", habla de concentrarnos en una materia a la vez. El discípulo fue muy específico con Jesús. Él no pidió que el Maestro le enseñara una docena de materias; él pidió: **"Enséñanos a orar."** Si queremos dominar una materia determinada y especializarnos en la misma; tenemos que concentrarnos en ella. No tratemos de aprender muchas cosas a medias. Es preferible dominar una primero y después movernos a la otra. Permite que te sugiera que lo más importante que un creyente puede hacer antes de hacer otra cosa, es aprender a orar. Nada debe ser de más trascendencia y prioridad que establecer una comunión diaria de oración con el Padre que está en los cielos.

El discípulo que le hizo la petición a Jesús entendió lo que la mayor parte de la iglesia y aun muchos de los predicadores no han entendido. Si aprendo a orar como Jesús oró, podré sanar como Jesús sanó, podré vencer la tentación como Jesús la venció, podré cumplir mi ministerio como Jesús lo cumplió. Hago eco de las palabras de otro: "Jesús no enseñó a sus discípulos a predicar." A esto le añado mis palabras: "Los discípulos tampoco le pidieron que Él los enseñara a predicar." La prioridad de ellos era; "**Enséñanos a orar.**"

"**Enséñanos a orar**" se le dijo a Jesús como el gran Maestro de la hora. Yo no niego que hoy también le podemos hacer la misma petición al Señor Jesús. Solamente que hay una diferencia entre los discípulos y nosotros. Cuando aquel discípulo hizo la petición "**Enséñanos a orar**", Jesús era el Maestro presente con ellos en el momento en un lugar específico. Es cierto que Jesús inmediatamente les enseñó cómo orar, que es el propósito de este libro.

Hoy en día es el Espíritu Santo quien es el Maestro que nos enseña cómo orar. Jesús dijo: *"Mas el Consolador, el Espíritu Santo, a quien el Padre enviará en mi nombre, él os enseñará todas las cosas, y os recordará todo lo que yo os he dicho"* (Juan 14:26). Jesús dijo *todas las cosas*, y eso tiene que incluir cómo orar. La oración es una actividad netamente espiritual y se requiere de que el mismo Espíritu que estaba en Jesús cuando enseñó a los discípulos o orar, esté con nosotros para enseñarnos la realidad de la verdadera vida de oración.

Es evidente, entonces, que aun para recibir hoy la revelación de la oración del Padre Nuestro necesitamos al Espíritu del Maestro porque el mismo Jesús dijo: *"Pero cuando venga el Espíritu de verdad, él os guiará a toda la verdad; porque no hablará por su propia cuenta, sino que hablará todo lo que oyere, y os hará saber las cosas que habrán de venir"* (Juan 16:13). En la misma forma que aquel discípulo de Jesús, le pidió: **"Enséñanos a orar"**, hoy en día yo no tengo reparos en decirle casi diariamente al Espíritu Santo (el maestro que representa a Jesús en la tierra): **"Enséñanos a orar."**

"Enséñanos a orar" es una petición en plural. El discípulo pudo haber dicho: "Enséñame a orar", pero él reconoció que él era miembro de una familia. Cada miembro de esta familia tiene que aprender a orar individualmente, pero tiene que también orar para que los otros también vayan con él a la misma escuela. El discípulo no fue egoísta porque en esta escuela de la oración no podemos solamente pensar en nosotros. Jesús nos dio el ejemplo cuando en la primera frase de la oración modelo nos dijo que oremos diciendo: "Padre nuestro", no "Padre mío." Cuando le pedimos a Jesús que nos enseñe a orar, le estamos diciendo que también queremos que toda su iglesia aprenda a orar; y que en la misma forma que la vida de oración de Jesús inspiró a otros a aprender a orar, aprendamos a orar para que también provoquemos a otros a aprender.

Otra lección que aprendemos en esta escuela es que aun cuando yo ore solo en mi recámara, sigo siendo parte de una comunidad de creyentes que al igual que yo tienen la necesidad de pedir cada día: **"Enséñanos a orar."** Por esto Pablo decía: *"Por esta causa doblo mis rodillas ante el Padre de nuestro Señor Jesucristo, de quien toma nombre toda familia en los cielos y en la tierra,"* (Efesios 3:14-15).

"Enséñanos a orar" es una expresión y petición de desahogo porque muchas veces nos sentimos frustrados, porque en vez de ver el momento de oración como una delicia, lo vemos más como un ritual religioso o como un deber. Necesitamos una revelación de que la oración es más que una repetición de frases o la presentación de una orden de compra. Es evidente que cuando aprendamos verdaderamente a orar con Jesús descubriremos que la oración es un tiempo de amor y comunión con nuestro Padre que está en los cielos.

Nadie mejor que Jesús nos puede enseñar a orar con esta perspectiva porque esto era lo que caracterizaba la vida de oración de Jesús. No creo que Jesús se levantaba temprano en la mañana pensando: "Otra vez, tengo que saltar de la cama porque tengo que orar. No tengo otra alternativa que hacer este sacrificio. ¿Cuándo llegará el día que no tendré que hacerlo?" Para Jesús era un deleite este encuentro diario con el Padre, no sólo porque necesitaba el poder del Espíritu de Dios, sino porque extrañaba aquella comunión y aquella gloria que Él tenía con el Padre desde antes de la fundación del mundo. Oremos con aquel discípulo: **"Señor, Enséñanos a Orar"** para que podamos disfrutar el tiempo de oración en comunión con el Padre."

"Enséñanos a orar" debe mover a toda iglesia a tener una escuela de oración, donde se enseñe a los creyentes el arte de la oración. Solamente el pastor o ministro que ha sido aprobado en la escuela de la oración con el Espíritu Santo, es quien podrá inspirar, enseñar, y dirigir a su congregación para que cada miembro se convierta en un alumno del Espíritu Santo. El ministro debe orar con pasión: **"Señor, enséñanos a orar** en esta iglesia para que tengamos la visitación continua del Espíritu Santo y que las obras de las tinieblas sean reprendidas. Que ningún cristiano se sienta cómodo sin tener su altar diario de oración."

Si cada iglesia le diera importancia al **"Enséñanos a orar"**; ni la iglesia ni la sociedad estuvieran en la condición que están. Es una tragedia que los cristianos quieren aprender a predicar, a cantar, a organizar conciertos y actividades, a traer diversiones a la iglesia para mantener a los jóvenes, a cómo ser millonarios de la noche a la mañana. ¿Dónde están los ministros y los creyentes que cada día claman: **"Enséñanos a orar"**?

"Enséñanos a orar" debería ser el clamor de la hora. Nos estamos acercando al fin de este sistema de cosas. Es muy posible que seamos la generación que recibirá al Señor Jesús en las nubes. A la misma vez somos la generación que tendrá que luchar los más fieros conflictos en contra de Satanás y sus huestes de demonios. Te aseguro que creyentes que no le han pedido al Señor **"Enséñanos a orar"**, no podrán resistir en el día malo del cual habló Pablo en Efesios 6. Necesitamos aprender a orar porque los problemas, circunstancias, y retos que son propios de este siglo no son los mismos con los que se enfrentaron otras generaciones.

A los mismos discípulos que Jesús había enseñado a orar tuvo que amonestarlos porque en el momento de la prueba fallaron. Esto prueba que aún tenían que seguir aprendiendo a orar porque no pudieron orar con su Maestro ni una hora. *Vino luego a sus discípulos, y los halló durmiendo, y dijo a Pedro: ¿Así que no habéis podido velar conmigo una hora? Velad y orad, para que no entréis en tentación; el espíritu a la verdad está dispuesto, pero la carne es débil* (Mateo 26:40-41).

"Enséñanos a orar" es algo que nunca termina. Hasta que Cristo venga, o nos vayamos de este planeta tierra, necesitaremos la enseñanza y dirección del Espíritu Santo para que Él nos dirija a toda verdad referente al arte de la oración. Es muy posible que aún hay misterios de la oración que no han sido revelados porque no han sido demandados. El mismo Espíritu que estaba en Jesús cuando enseñó a sus discípulos a orar, es el mismo Espíritu Santo que estará con nosotros hasta el fin del siglo. Creo que la diferencia la vamos a establecer aquellos que tenemos hambre y sed de justicia, que sabemos que no sabemos nada, que hay niveles de oración que no hemos alcanzado; y que el Maestro Espíritu Santo está solamente esperando que le digamos: *"Enséñanos a orar como Jesús enseñó a sus discípulos."*

"Enséñanos a orar" es lo que queremos lograr en este curso. Este escrito, más que un libro de información acerca de cómo orar, es un ejercicio en el arte de la oración. Te garantizo que lo que voy a compartir en los próximos capítulos va a revolucionar tu vida de oración como está revolucionando la mía. El Espíritu Santo nos va a enseñar cómo orar siguiendo la misma enseñanza que Jesús le dio a sus discípulos cuando uno de ellos le pidió *"Señor, enséñanos a orar."*

Oración del Discípulo

"Padre, en la misma forma que aquel discípulo de Jesús percibió en su vida la gran necesidad de aprender o orar con Jesús; yo pido en este día que Tú envíes al Espíritu Santo sobre mí con un nuevo y refrescante espíritu de oración. Reconozco mi necesidad, de que al igual que aquel discípulo requirió la ayuda de su Maestro para aprender a orar, yo también pido en este día al Espíritu Santo, quien es el Maestro del Nuevo Pacto: **"Enséñanos a orar."**

Por medio de tu gracia, me humillo ante Ti, y admito que es muy limitado lo que sé acerca del arte de la oración. Estoy aun dispuesto a desaprender aquellas ideas y prácticas que sólo han causado que mi vida de oración sea rutinaria, mecánica y estéril. En el nombre de Jesús le pido al Espíritu Santo: *"Enséñanos a orar como Jesús enseñó a sus discípulos.* Amén."

Capítulo 2

"PADRE NUESTRO"

L o que se conoce en todo el cristianismo como el Padre Nuestro o la Oración del Señor fue la respuesta de Jesús a la petición del discípulo, *"Enséñanos a orar."* Nunca fue la intención de Jesús que esta poderosa oración se convirtiera en una forma mecánica y religiosa de comunicarnos con Dios. Orar o rezar el Padre Nuestro sin la revelación del Espíritu Santo no causa ningún resultado en el mundo espiritual. No satisface el corazón de Dios y no consigue que el que ora tenga resultados concretos.

Cuando Jesús estableció esta oración como el patrón de la comunión con Dios, su propósito no fue que simplemente recitemos estas breves palabras, sin saber lo que ellas significan. El Padre Nuestro no es la oración en su totalidad. Lo que el Señor Jesús nos dio en esta oración fue especie de un modelo o un patrón que podemos seguir para cultivar nuestra vida de oración. Podemos dividir esta oración en siete (7) partes: (1) reconociendo al Padre en su trono, (2) santificando su nombre, (3) que Su Reino y su voluntad vengan a la tierra, (4) que tengamos el pan de cada día, (5) que seamos perdonados a la misma vez que perdonamos, (6) y que seamos librados de la tentación y del mal, (7) y una declaración final del dominio eterno de Dios sobre todo.

Si alguien conocía el protocolo correcto para orar era Jesús. Debemos seguir al pie de la letra lo que Él nos enseña en esta escuela de oración. Lo más importante en establecer una relación o transar un negocio con alguien es la forma cómo empezamos. Si empezamos bien, de seguro que terminaremos bien. La forma como nos dirigimos a Dios en oración determinará el éxito o el fracaso del tiempo de oración. Jesús nos dijo que empecemos diciendo: **"PADRE NUESTRO."** El énfasis de Jesús en reconocer la paternidad de Dios es evidente desde que él nos dio directrices de entrar al aposento de oración (Mateo 6:6-8). Tres veces Jesús menciona al Padre; *"Ora a tu Padre que está en secreto"; " tu Padre que ve en lo secreto te recompensará", "Vuestro Padre sabe de qué cosas tenéis necesidad."*

Uno de los propósitos de Jesús venir a esta tierra fue a revelarnos al Padre. Este concepto de Dios como Padre está ausente en la economía del Antiguo Pacto. Jesús nos enseña que el tiempo de oración debe ser un tiempo de gozo y satisfacción porque es el tiempo de estar con el Padre. No vamos a orar ante el juez del universo, o a un dios fiero que quiere amedrentar sus criaturas. Oración es reunirme con Papá. No tengo que ser perfecto para ir donde Él porque en su presencia su santidad me perfecciona. Si no tengo nada que llevar, entiendo que Él lo tiene todo para dar. Si estoy débil y soy tentado a dejar de resistir, el Padre me invita a que llegue para ser fortalecido. Él es un Padre que se compadece de sus hijos. Una revelación del Padre es lo que me da confianza en oración de que no seré negado ni rechazado.

¡Padre Nuestro! ¡Qué privilegio tengo que no tuvieron los santos del Antiguo Testamento! El que está sentado en el trono, no sólo es el Rey del Universo, Él es mi Padre y yo soy su hijo. Jesús nos está diciendo: "Yo comparto mi Padre con ustedes"; por eso nos manda a orar Padre Nuestro. Cuando yo digo esta poderosa y gloriosa declaración, estoy reconociendo que el Dios de mi Señor Jesucristo es mi Padre y es el Padre de todos mis hermanos en la fe. Repito las siguientes palabras de Andrew Murray: "El conocimiento del amor del Dios Padre es lo primero y lo más simple, pero también la última y más alta lección en la escuela de oración. Es en una relación personal con el Dios viviente, y una consciente comunión   personal de amor con Él mismo que la oración comienza.   Es en el conocimiento de la paternidad de Dios, revelada por el Espíritu Santo, que el poder de la oración echa raíces y crece."[1]

¿Qué es lo que verdaderamente nos está diciendo Jesús cuando nos dice que empecemos orando con "Padre Nuestro?" Entiende que ver a Dios como padre es verlo en cinco dimensiones: paternidad, poder, provisión, presencia y protección. Esas cinco cosas son lo que un padre significa para un hijo. Reconoce tu relación y comunión con Dios en un nivel diferente. Relaciónate

---

[1] Traducción libre del escritor de la Cuarta Lección de la Escuela de Oración de Andrew Murray.

con Dios como Padre. Eres un hijo con potestad quien no ha sido engendrado de sangre, ni de voluntad de carne, ni de voluntad de varón, sino de Dios (Juan 1:12,13). Da gracias que es por la sangre preciosa de su Hijo Jesús que tú también eres hijo y puedes llamarle Padre. *"Y por cuanto sois hijos, Dios envió a vuestros corazones el Espíritu de su Hijo, el cual clama: ¡Abba, Padre! Así que ya no eres esclavo, sino hijo; y si hijo, también heredero de Dios por medio de Cristo"* (Gá. 4:6-7).

Ven a la Presencia de Dios con reverencia pero no con intimidación o complejo de identidad. El espíritu del Hijo mayor está en ti, y ese espíritu te da el derecho legal de llegar donde el padre igual que si fueras Jesús. Ese espíritu clama desde lo más profundo de tu corazón ¡Abba, Padre! A la misma vez, recibes el poderoso testimonio que ya no eres un esclavo pidiendo migajas de su amo, sino un hijo legal que tiene derecho a todo lo que el padre posee. Eres heredero por medio de Cristo. ¡Aleluya! Recuerda en todo tiempo que la oración del Nuevo Pacto es una transacción legal de un hijo que tiene fe en la fidelidad y abundancia de su Padre. El lugar de oración es un lugar de comunión y adoración, pero para el hijo es un lugar donde se discuten los negocios del Padre, se hacen transacciones con el Padre y se le asegura al Padre que estamos velando por sus intereses en la tierra. ¡Qué privilegio, pero qué alta responsabilidad!

Es ese Padre bueno y compasivo quien te espera en el lugar secreto. *"Mirad cuál amor nos ha dado el Padre, para que seamos llamados hijos de Dios; por esto el mundo no nos conoce, porque no le conoció a Él"* (1 Jn.

3:1). No estés tenso en la presencia del Padre. Adórale, alábale, cuéntale tus problemas y ansiedades. Recibe su amor y dale miles de gracias que un día tuvo que sacrificar otro Hijo para poder recibirte a ti como su hijo. Piensa y medita en esto cuando estás con el Padre. Si el Padre dio al Hijo por mí, ¿habrá algo más valioso o más importante que él se rehúse a darme? Dale gracias que tú has llegado a estar con Él porque su Hijo te abrió el camino por medio de Su Sangre. Reconoce que el camino al Padre es un camino de sangre. Y recuerda que tú no estas solo en el lugar secreto con el Padre. Jesús está sentando a la mano derecha del Padre en el cielo haciendo intercesión por ti. Esto te debe dar la confianza y la seguridad, que aun en esos días cuando no sientas deseos de orar y como que el mismo infierno se opone a tu tiempo de oración; Jesús está orando por ti a la diestra del Padre para que tú seas fortalecido y tu fe nunca falte. ¡Qué glorioso es orar al **Padre Nuestro**!

Ten la seguridad de que tus oraciones son contestadas. La disposición de cualquier padre natural es proveerle a sus hijos todo lo que ellos necesitan, especialmente si son hijos que tienen una buena relación con él y lo obedecen en al área de cuidar los intereses del padre. Jesús nos aseguró que si los padres terrenales hacen esto, nuestro Padre que está en los cielos hará mucho mejor. *"Pues si vosotros, siendo malos, sabéis dar buenas dádivas a vuestros hijos, ¿cuánto más vuestro Padre que está en los cielos dará buenas cosas a los que le pidan?"* (Mateo 7:11). Esto es tan importante, de modo que cada vez que Jesús habló de pedir algo en oración, Él siempre se refirió a Dios como el Padre.

"Pues si vosotros, siendo malos, sabéis dar buenas dádivas a vuestros hijos, ¿cuánto más vuestro Padre celestial dará el Espíritu Santo a los que se lo pidan?."—Lucas 11:13

"Y todo lo que pidiereis al Padre en mi nombre, lo haré, para que el Padre sea glorificado en el Hijo."—Juan 14:13

"No me elegisteis vosotros a mí, sino que yo os elegí a vosotros, y os he puesto para que vayáis y llevéis fruto, y vuestro fruto permanezca; para que todo lo que pidiereis al Padre en mi nombre, él os lo dé." —Juan 15:16

"En aquel día no me preguntaréis nada. De cierto, de cierto os digo, que todo cuanto pidiereis al Padre en mi nombre, os lo dará." — Juan 16:23

"En aquel día pediréis en mi nombre; y no os digo que yo rogaré al Padre por vosotros, pues el Padre mismo os ama, porque vosotros me habéis amado, y habéis creído que yo salí de Dios." —Juan 16:26-27

Todas estas escrituras tienen un común denominador. Antes de Jesús enseñarnos la oración modelo ya nos había dicho que nuestro Padre que ve en lo secreto nos recompensará en público. La oración no es sólo para pasar un buen tiempo con Dios, sino que es cuando le pedimos al Padre toda buena dádiva y todo don perfecto que desciende de lo alto. El hecho de que

PADRE NUESTRO

Jesús dijo que el Padre sabe lo que necesito antes de pedir, no fue para desalentarme en mi vida de oración, sino por lo contrario; que mi Padre me ama tanto que Él sabe lo que necesito antes de pedir. Sólo que el Padre tiene gran placer cuando sus hijos le piden, de tal modo, que está dispuesto hasta darnos el Reino. "No *temáis, manada pequeña, porque a vuestro Padre le ha placido daros el reino"* (Lucas 12:32). Y la razón principal es que *el Padre mismo os ama.*

¿Por qué Jesús enfatizó que dijéramos **"Padre Nuestro"**? Él pudo haber dicho que yo dijera "Padre mío." Aparentemente esto no tiene tanta importancia, pero sí para Jesús. Recuerda que Jesús está contestando la petición, "Enséñanos a Orar." Jesús quiso dejar establecido bien claro de una vez y por todas lo siguiente. Primero, que él estaba compartiendo Su Padre con una humanidad perdida. Segundo, que es sólo en unión a Jesús que mis oraciones son recibidas y contestadas por el Padre; y tercero, que cuando oramos, lo hacemos como parte de la familia universal de Jesús, los hijos de Dios. Esto le añade una dinámica a la oración que no habíamos descubierto antes. El egoísmo y los intereses personales tienen que echarse a un lado cuando entramos al Aposento con el Padre. No sólo yo entro a pedir por mis necesidades, sino que también tomo el lugar de interceder por mis hermanos y aun por los que han de creer. Es evidente que un niño pide sólo para él al principio, después empieza a pedir por sus hermanos, pero cuando ya es adulto le pide al Padre por los intereses que van más allá de la familia.

ENSÉÑANOS A ORAR

¡Padre Nuestro! Aparentemente simple, pero que profundidad hay en la simpleza. Esta oración la puede hacer un niño que acaba de nacer a la familia, pero será siempre la oración modelo y patrón de los que cada día reconocemos la necesidad de entrar al aposento con nuestro Padre. ¿Cómo orar efectivamente? Empieza meditando en la realidad de que tienes un Padre en los cielos, quien está interesado en el bienestar de todos sus hijos. Tú calificas porque tienes su naturaleza y su espíritu. Estos son los verdaderos adoradores de los cuales habló Jesús.

"Mas la hora viene, y ahora es, cuando los verdaderos adoradores adorarán al Padre en espíritu y en verdad; porque también el Padre tales adoradores busca que le adoren. Dios es Espíritu; y los que le adoran, en espíritu y en verdad es necesario que adoren." —Juan 4:23-24

Hay una invitación hecha por el Padre y confirmada por su Hijo Jesús. *"Mas tú, cuando ores, entra en tu aposento, y cerrada la puerta, ora a tu Padre que está en secreto; y tu Padre que ve en lo secreto te recompensará en público"* (Mateo 6:6). El Padre te está esperando cada día con los brazos abiertos para compartir contigo sus secretos y sus bendiciones. Que nada ni nadie te separe de esa cita diaria con Dios. Entra por la sangre, da gracias porque Jesús abrió el camino. Adórale por Quien Él es, lo que ha hecho y lo que hará por ti. **¡Padre Nuestro!**

Capítulo 3

"QUE ESTÁS EN LOS CIELOS"

Ya hemos reconocido la paternidad de Dios y le hemos dado gracias porque por la sangre de su Hijo Jesús, también nosotros hemos sido hechos hijos de Dios. Jesús nos enseña que para que podamos ser efectivos en el lugar secreto en la oración debemos tocar el corazón de Dios al reconocerlo y alabarlo como Padre. Entendamos que esta es la primera llave para abrir tanto el corazón de Dios como el almacén del cielo. Estamos entrando en confianza con el Padre y sentimos que el corazón se está empezando a afirmar en la seguridad que todo lo que pidamos al Padre creyendo lo recibiremos. No somos mendigos pidiendo una limosna de un extraño. Somos los hijos de Dios acercándonos a Abba Padre con la seguridad que Él nos oye. *"Y si sabemos que Él nos oye, sabemos que tenemos las peticiones que le hemos hecho."*

Para que podamos orar con efectividad y recibamos los resultados que todos quisiéramos tener, tenemos que ver la oración como una conexión entre la tierra y el cielo. Cada vez que oro, soy muy consciente de mi debilidad humana, de mi falta de fervor y pasión para servir a Dios en Espíritu y verdad. Si no somos cuidadosos, llegamos a concluir que Dios está muy lejos y es casi imposible hacer contacto con Él. Los sentimientos y estados de ánimo nos quieren convencer en muchas ocasiones, que si no sentimos algún tipo de emoción, es que Dios no está oyendo. Es cierto que estamos orando al "Padre nuestro que estás en los cielos"; pero ya aprendimos que Él es un Padre que se compadece de sus hijos y les quiere dar todas las cosas que pertenecen a la vida y a la piedad.

Esto es lo que yo le digo al Padre, especialmente en esas mañanas cuando mi carne se resiste para que yo no entre al lugar secreto con mi Padre. "Padre, gracias por tu amor y fidelidad hacia tus hijos. Gracias que por la sangre de tu Hijo soy digno de entrar a tu presencia. Por medio del nombre de Jesús en este día yo establezco una conexión entre la tierra y el cielo. Tú estás en los cielos, pero yo estoy en la tierra. Gracias que por medio de Jesús yo también estoy en los cielos. Como yo estoy en Cristo, y Él está en mí; si Cristo está sentado contigo en el trono, yo también estoy. Es cierto que en esta tierra, donde yo vivo en la carne, hay pecado, pero en el cielo hay justicia. En esta tierra hay enfermedad, pero en el cielo hay sanidad. Aquí hay miseria y pobreza, pero en tu cielo hay abundancia porque Tú eres el Dios del oro y la plata. Sé que mientras esté en esta tierra estoy expuesto a peligros y grandes tentaciones. Padre, gracias que por medio de la oración yo puedo establecer una conexión espiritual con el cielo y puedo traer todas las riquezas y bendiciones del cielo a mi tierra." ¡Aleluya!

Ahora, nuestros ojos espirituales tienen que ser abiertos, para que entendamos en la dimensión espiritual que entramos cuando estamos orando. Le estamos orando al "Padre nuestro, que estás en los cielos." ¿Qué importancia tiene esto en mi vida de oración? Cada palabra de Jesús tiene una significación e importancia particular. Nuestro Padre está en los cielos, y yo estoy en la tierra. En oración estoy subiendo al lugar del Trono de Dios, desde donde Él ejerce su autoridad y su dominio; pero también el lugar desde dónde Él dispensa sus múltiples bendiciones. *Jehová está en su santo templo;* **Jehová tiene en el cielo su trono;** *Sus ojos ven, sus párpados examinan a los hijos de los hombres* (Salmo 11:4). *Pero yo os digo: No juréis en ninguna manera; ni por* **el cielo, porque es el trono de Dios** (Mateo 5:34).

En esta Escuela de Oración el Maestro nos quiere hacer conscientes de que nuestro Padre está sentado en su Trono desde dónde sus ojos ven a sus hijos que se acercan a Él con fe; *tu Padre que ve en secreto.* Es el deseo mayor de un Padre bueno abrir su tesoro particular para suplir todo lo que te haga falta conforme a Sus riquezas en gloria en Cristo Jesús. *"Te abrirá Jehová* **su buen tesoro, el cielo,** *para enviar la lluvia a tu tierra en su tiempo, y para bendecir toda obra de tus manos. Y prestarás a muchas naciones, y tú no pedirás prestado"* (Dt. 28:12). Si los santos del Antiguo Testamento tenían esta seguridad, ¡cuánto más nosotros que somos sus hijos, y tenemos derechos a la herencia porque nuestro Hermano mayor Jesucristo nos pasó el derecho de heredar juntamente con Él! *"Y si hijos, también herederos; herederos de Dios y coherederos con Cristo..."* (Ro. 8:17).

ENSÉÑANOS A ORAR

Esta es una de las verdades que tenemos que establecer bien adentro de nuestro corazón, si queremos tener una poderosa vida de oración. Le estamos orando a un Padre, que está sentado sobre un trono, donde hay abundancia de todo lo que el ser humano necesita para esta vida y para la venidera. Ya Él nos dio la garantía de esto; *"El que no escatimó ni a su propio Hijo, sino que lo entregó por todos nosotros, ¿cómo no nos dará también con él todas las cosas?"* (Ro. 8:32). Si el darnos a su hijo no fuera lo suficiente, para probar su amor y su disposición nos dio la segunda garantía, *"En él también vosotros, habiendo oído la palabra de verdad, el evangelio de vuestra salvación, y habiendo creído en él, fuisteis sellados con el Espíritu Santo de la promesa, que es las arras de nuestra herencia hasta la redención de la posesión adquirida, para alabanza de su gloria"* (Ef. 1:13-14). El Espíritu Santo nos fue enviado por Jesús *para que sepamos lo que Dios nos ha concedido* (1 Co. 2:12).

¡Cuántas veces hemos citado estas escrituras sin saber la profundidad de lo que ellas significan! Pablo nos asegura que ya estamos bendecidos en el cielo. *"Bendito sea el Dios y Padre de nuestro Señor Jesucristo, que nos bendijo con toda bendición espiritual en los lugares celestiales en Cristo"* (Ef. 1:3). Los lugares celestiales son los mismos cielos a los que Jesús se refirió cuando dijo *"Padre nuestro, que estás en los cielos."* Debemos orar con la seguridad que no es la voluntad de Dios que estas bendiciones se queden en el cielo, o que esperemos a morirnos para disfrutarlas. En otra escritura Santiago nos asegura que t*oda buena dádiva y todo don perfecto desciende de lo alto, del Padre de las luces, en el cual no hay mudanza, ni sombra de variación* (Stg. 1:17). Es

QUE ESTÁS EN LOS CIELOS

evidente que en el cielo hay sendos almacenes repletos de toda provisión requerida para el bien físico y espiritual de los hijos de Dios. Y no es que el Padre espera que tú ores para fabricar lo que tú necesitas. *"Cosas que ojo no vio, ni oído oyó, ni han subido en corazón de hombre, son las que Dios ha preparado para los que le aman"* (1 Co. 2:9).

¡No son poderosas estas grandes promesas que el Padre tiene para aquellos que le aman! Cuando nos iniciamos en esta vida de oración no tenemos la más mínima idea de lo que el cielo tiene preparado para nosotros. Cuando Cristo nos enseñó que oremos al "Padre nuestro que estás en los cielos" nos quiso decir que cambiemos de perspectiva. Nuestra ayuda no viene de nada ni de nadie en la tierra. No esperemos nada de la tierra para que no quedemos frustrados y avergonzados. ¿Por qué rebajarnos de nuestra posición real de hijos de un Gran Rey, para mendigarle a este sistema una limosna o una migaja? He descubierto que a medida que oro al "Padre nuestro que estás en los cielos", mi capacidad para creer se incrementa porque *es necesario que el que se acerca a Dios crea que le hay, y que es galardonador de los que le buscan* (He. 11:6).

Ahora comprendo que mi Padre, no sólo es Dios en los cielos, sino también Dios en la tierra. La razón de esto, es que Él hizo tanto los cielos como la tierra. Lo que sí el Padre espera es que la tierra le demande al cielo. Siempre he dicho que la tierra mueve el cielo porque somos nosotros los hijos de Dios, los que por medio de la fe y la oración podemos hacer que las bendiciones del cielo desciendan a la tierra. Las palabras que Jesús les dijo a Pedro confirman esto: *"Y a ti te daré las llaves del reino de los cielos; y todo lo que atares en la tierra será atado en los cielos; y todo lo que desatares en la tierra será desatado en los cielos"* (Mateo 16:19).

Los hijos de Dios tenemos derecho a las llaves que abren los cielos. Por medio de estas llaves podemos atar y desatar. La acción comienza en la tierra porque Cristo dijo, *"todo lo que atares en la tierra será atado en los cielos; y todo lo que desatares en la tierra será desatado en los cielos."* ¿Será por esta razón que los cristianos antiguos decían que la oración es la llave de los cielos? Sabemos que no es la única llave, pero es una llave muy importante.

La oración, entonces, es un medio para desatar todo lo que el cielo tiene. Todas las riquezas y abundancia del cielo no son para Dios porque Él de cierto no necesita nada. Cada vez que ores medita en esto y verás como tu vida de oración va dar un giro de 180 grados. Es cierto que no tenemos mucho que llevarle al Padre cuando oramos, pero eso no nos debe detener de orar. Cuando entremos al Aposento con nuestro Padre que está en secreto, Él nos revelará la abundancia que Él preparó para sus hijos desde antes de la fundación del mundo.

Si todo lo que hemos dicho hasta ahora es cierto, porque está muy claro y definido en la Palabra de Dios; ¿Por qué no estamos recibiendo todo lo que el cielo tiene para los hijos del Padre? ¿Será que el Padre solamente le dispensa sus favores y misericordias a unos pocos hijos favoritos? Sabemos que esto no es así porque Dios no hace acepción de personas. La realidad es otra. La actitud, la condición, y la consagración del hombre puede determinar si los cielos están abiertos o están cerrados. Hay pecados y actitudes que mantienen los cielos cerrados sobre personas, sobre familias, sobre iglesias y aun sobre naciones enteras.

En el Antiguo Pacto Jehová Dios fue muy enfático con su pueblo, al asegurarle que si ellos querían la bendición de Dios sobre sus vidas tendrían que mantener los cielos abiertos. Para mantener los cielos abiertos tendrían que vivir todos los días de su vida en obediencia a sus ordenanzas y mandamientos. Esto fue lo que movió a Salomón a orarle a Dios durante la inauguración del templo para que aquella casa fuera un lugar de oración, desde donde los hijos de Israel pudieran humillarse y buscar al rostro de Dios para que los cielos estuvieran abiertos sobre toda la nación. Ocho veces en esa oración Salomón repite lo siguiente: *"Tú oirás desde los cielos, desde el lugar de tu morada"* (2 Cr. 6:21, 23, 25, 27, 30, 33, 35, 39). Es muy interesante que después que Salomón pidió esto ocho veces, Dios le contesta y le dice cómo esto será posible: *"Si se humillare mi pueblo, sobre el cual mi nombre es invocado, y oraren, y buscaren mi rostro, y se convirtieren de sus malos caminos; entonces yo oiré desde los cielos, y perdonaré sus pecados, y sanaré su tierra"* (2 Cr. 7:14).

Antes de escribir este libro he estado estudiando esto por más de ocho meses. Por todas estas mañanas mientras hacia la oración del Padre Nuestro sabía que había algo en esta mención de Jesús "Padre Nuestro que estás en los cielos." Es evidente que Jesús conocía la importancia de los cielos abiertos sobre una persona para poder agradar a Dios y recibir todas sus bendiciones.

ENSÉÑANOS A ORAR

Lucas nos relata que después que Jesús fue bautizado, orando el cielo se abrió sobre Él (Lc. 3:21). En otra ocasión cuando Jesús hablaba con Natanael le dijo: *"De cierto, de cierto os digo: De aquí adelante veréis el cielo abierto, y a los ángeles de Dios que suben y descienden sobre el Hijo del Hombre"* (Jn. 1:51). La realidad del cielo abierto va a traer la operación de los ángeles de Dios a la vida del hijo de Dios. Cuando los cielos están abiertos se establece esa conexión de la cual hablé al principio de este capítulo. La escalera de Jacob se extiende desde los cielos a la tierra y hay una actividad angelical sin límites. Ángeles de Dios suben llevando la oración, y ángeles de Dios descienden trayendo las respuestas con los envíos expreso desde los almacenes del cielo.

Contestemos la pregunta más importante de este capítulo. ¿Cómo puedo hacer para que los cielos se abran? Hay por lo menos siete actitudes requeridas para que los cielos se abran sobre los hombres que quieren establecer esta conexión cielo-tierra.

1) El cielo se abre para los hijos de Dios. Es cierto que Dios hace llover sobre malos y buenos, pero es cierto que Él no tiene ningún pacto con los pecadores. Los pecadores son bendecidos por misericordia, pero los hijos de Dios reciben las bendiciones del pacto legal de hijos herederos de Dios. Sólo los que pueden decir "Padre", son los que tienen derecho a lo mejor del cielo.

2) La humillación es un requisito indispen-sable para abrir los cielos. Jesús dijo que son los pobres en espíritu los que son bienaventurados porque de ellos es el Reino de los cielos. Los que nos humillamos ante el Padre que está en los cielos, y reconocemos que no somos nada en

36

nosotros mismos, que no sabemos qué hacer y cómo hacerlo, son los que tienen el cielo abierto. *Los sacrificios de Dios son el espíritu quebrantado; al corazón contrito y humillado no despreciarás tú, oh Dios* (Sal. 51:17). Los humildes son los que reciben la mayor gracia porque cuando llegan al Trono de la Gracia saben que están en bancarrota espiritual, y necesitan que Abba Padre les dé todo lo que necesitan.

3) Son solamente los humildes los que sienten su necesidad de orar y buscar el rostro de Dios. El creyente que vive constantemente orando y buscando el rostro de Dios tendrá los cielos abiertos sobre su vida. Buscar a Dios es más que una oración de desesperación para que el Padre me dé algo o me saque de algún peligro. Esta es la actitud de ir detrás de Dios y no darle descanso hasta que tengamos su atención. *"Ahora estarán abiertos mis ojos y atentos mis oídos a la oración en este lugar"* (2 Cr. 7:15). Para que los cielos se abran tendrás que hacerlo con todo el corazón. *"Mas si desde allí buscares a Jehová tu Dios, lo hallarás, si lo buscares de todo tu corazón y de toda tu alma"* (Dt. 4:29).

4) El arrepentimiento es otra actitud muy necesaria para abrir los cielos. Si fue el pecado lo que en primer lugar cerró los cielos; es el arrepentimiento y la conversión del corazón lo que va a hacer que los cielos se abran para que tengamos otra vez libre entrada a la presencia del "Padre nuestro que estás en los cielos." *"He aquí que no se ha acortado la mano de Jehová para salvar, ni se ha agravado su oído para oír; pero vuestras iniquidades han hecho división entre vosotros y vuestro Dios, y vuestros pecados han hecho ocultar de vosotros su*

rostro para no oír" (Is. 59:1-2). Cuando los cielos se cierran no hay lluvia y la tierra es maldita. No me importa que cada vez que yo ore me tenga que arrepentir; lo voy a hacer porque tener la bendición de Dios es más importante que vivir agarrado a mi propio orgullo.

5) La obediencia que está dispuesta a cumplir toda justicia abrirá los cielos. Cuando Jesús fue donde Juan para ser bautizado, Juan se resistía a hacerlo porque no se encontraba digno de bautizar a alguien más santo que él. Jesús le contestó que era necesario para así cumplir toda justicia. Fue después de este acto de obediencia de Jesús que el cielo se abrió y vino la voz del cielo. Es solamente cuando el hijo de Dios está en la mejor disposición de obedecer al Padre en lo que Él le indique, que los cielos se abrirán con poder, bendición, protección y provisión de Dios. La voluntad que obedece no hace preguntas al Padre aun sobre cosas que no se entienden o que no parecen tener sentido o razón de ser. No podemos llamarle "Padre nuestro" sólo para que nos dé cosas, pero a la misma vez, no queremos obedecer al Padre nuestro que nos llama a hacer algo por su Reino y por su causa. No se nos olvide que la oración no es sólo para conseguir cosas del Padre, sino para hacer la perfecta voluntad del Padre.

6) ¿Cómo se siente un hijo que llega a donde el padre a pedirle algo después que él sabe que le robó? ¿Cómo podemos esperar que los cielos se nos abran en oración cuando hemos violado una de las condiciones que el Padre instituyó? *"Traed todos los diezmos al alfolí y haya alimento en mi casa; y probadme ahora en esto, dice Jehová de los ejércitos, si no os abriré las ventanas de*

los cielos, y derramaré sobre vosotros bendición hasta que sobre-abunde" (Mal. 3:10). Es evidente que el Padre quiere que haya alimento y provisión, primero en Su Casa (su iglesia), para que después haya alimento en la tuya. Por alguna razón cuando cuidamos de los ministros y la casa de Dios, los cielos se abren sobre sus hijos. *"Por cuanto mi casa está desierta, y cada uno de vosotros corre a su propia casa. Por eso se detuvo de los cielos sobre vosotros la lluvia, y la tierra detuvo sus frutos"* (Hag. 1:9-10). Cuando los cielos se cierran no hay lluvia y, por lo tanto, tampoco hay frutos.

7) Sé insistente y consistente para que los cielos se abran. Daniel tuvo que permanecer en oración y búsqueda por 21 días (Dn. 10:12-14). Había una oposición espiritual que había impedido que la respuesta llegara. Muchas veces que la respuesta no ha llegado, no es que el Padre que está en los cielos no la ha enviado. Es que el enemigo se ha opuesto para desanimarte y que tú termines culpando a Dios. La actitud que gana en oración es la actitud de la viuda que no se fue de la puerta del juez injusto hasta que él le hizo justicia. No te retires de la puerta del Padre hasta que la puerta de los cielos se abra y tu Padre te haga justicia. *¿Y acaso Dios no hará justicia a sus escogidos, que claman a él día y noche? ¿Se tardará en responderles?* (Lc. 18:7). Te garantizo que nuestro Padre es mejor que aquel que no le quería abrir la puerta a su amigo en necesidad. *"Os digo, que aunque no se levante a dárselos por ser su amigo, sin embargo, por su importunidad se levantará y le dará todo lo que necesite"* (Lc. 11:8).

ENSÉÑANOS A ORAR

"**¡Padre nuestro que estás en los cielos!** Abre los cielos sobre tu hijo que llega a ti en fe. Enséñame a orar. Que cada día yo pueda entrar a tu presencia sabiendo que Tú eres mi Padre que estás en los cielos. Espíritu Santo, dame la revelación que la oración es una transacción espiritual entre el Padre y el hijo y que por medio de la oración establezco una conexión tierra-cielo. Te pido ver el cielo abierto y los ángeles de Dios que suben y desciende sobre tu hijo. Amén."

Capítulo 4

"SANTIFICADO SEA TU NOMBRE"

Después de haber reconocido la paternidad de Dios, le hemos adorado por lo que Él es para nosotros. Por la gracia de la sangre de Cristo, el cielo se nos ha abierto como el lugar del tesoro del Padre. No estamos orando como mendigos o esclavos, rogando que Dios nos dispense una migaja. El Padre nos ha hecho la invitación a entrar al lugar secreto, el cielo, y estamos listos para empezar a hacer transacciones espirituales y legales con Él. Somos conscientes que el cielo está abierto porque hemos entrado en humildad, pero a la misma vez con seguridad que el Padre que ve en lo secreto nos recompensará en público.

¡Santificado sea tu Nombre! Ahora empezamos a loar el nombre. Jesús nos enseñó que debemos santificar el Nombre del Padre. ¿Qué significa santificar Su nombre? Es reconocer que el Nombre de Jehová Dios tiene toda la autoridad en los cielos y en la tierra. Dios es tan celoso por Su Nombre que muchas veces Él no hace cosas por nosotros, sino por causa de Su Nombre. *"Por*

41

ENSÉÑANOS A ORAR

mí, por amor de mí mismo lo haré, para que no sea amancillado mi nombre, y mi honra no la daré a otro" (Is. 48:11). *"Y sabréis que yo soy Jehová, cuando haga con vosotros por amor de mi nombre, no según vuestros caminos malos ni según vuestras perversas obras, oh casa de Israel, dice Jehová el Señor"* (Ez. 20:44). Dos cosas sobresalen en estos versos. Dios opera a favor de nosotros por amor del mismo para que su nombre no sea amancillado porque el honor de Dios está en su nombre. Cada vez que decimos **"Santificado sea tu Nombre"** estamos honrando el nombre de Dios y declarando que todo lo que Dios es lo que puede hacer y lo que posee está conectado íntimamente con Su Nombre.

Es cierto que en nuestra cultura occidental no se le atribuye una gran significación a un nombre. Era muy diferente en la cultura de los tiempos bíblicos. Cada nombre cargaba un gran significado. La identidad, posición, y poder de una persona se podía conocer por el nombre que llevaba. Consciente Dios de esto, Él le cambió el nombre a algunas personas con las cuales Dios tenía tratos especiales. Proclamar el nombre de Dios es más que mencionar las letras que lo componen, es afirmar todo lo que Dios es y puede hacer. Por eso es que antes de pedirle algo al padre en oración, Jesús nos manda a santificar Su Nombre. No tengamos prisa por presentarle la lista de compras al Padre. Tomemos tiempo para adorar, glorificar, alabar y honrar Su Nombre. En esta forma desarrolla conciencia que tú no estás en su presencia para buscar tu gloria o exaltar tu nombre. Tu derecho legal en oración no reside en lo que tú eres o posees en esta tierra, sino en el honor y poder de Su Nombre.

SANTIFICADO SEA TU NOMBRE

¡**Santificado Sea Tu Nombre!** Algo sucede cuando el Nombre de Dios es santificado y declarado en tu tiempo de oración. ¿Qué tú haces para atraer la atención de una persona y que su presencia se manifieste? Tú la llamas por su nombre, y si tiene un título adherido al nombre, tú lo usas para captar mejor su atención. En la misma forma, la mención del nombre de Jehová Dios trae la manifestación de Su presencia. Un ejemplo de esto lo tenemos en el encuentro de Moisés, cuando él pidió ver la gloria de Dios. *El entonces dijo: Te ruego que me muestres tu gloria. Y le respondió: Yo haré pasar todo mi bien delante de tu rostro, y proclamaré el nombre de Jehová delante de ti; y tendré misericordia del que tendré misericordia, y seré clemente para con el que seré clemente* (Éx. 33:18-19).

Moisés pide ver la gloria de Dios, y Dios le contesta que Él hará pasar todo Su bien y proclamará Su Nombre delante de él. Esto prueba mi punto que aun Dios para traer su presencia lo hace proclamando Su Nombre. *Y Jehová descendió en la nube, y estuvo allí con él, proclamando el nombre de Jehová. Y pasando Jehová por delante de él, proclamó: ¡Jehová! ¡Jehová! Fuerte, misericordioso y piadoso; tardo para la ira, y grande en misericordia y verdad* (Éx. 34:5-6).

Jesús mismo reconocía la importancia de santificar el nombre del Padre. En su oración de intercesión por sus discípulos encontramos cómo Jesús vino a manifestar la realidad del nombre del Padre.

ENSÉÑANOS A ORAR

"He manifestado tu nombre a los hombres que del mundo me diste; tuyos eran, y me los diste, y han guardado tu palabra." —Juan 17:6

"Y ya no estoy en el mundo; mas éstos están en el mundo, y yo voy a ti. Padre santo, a los que me has dado, guárdalos en tu nombre, para que sean uno, así como nosotros." —Juan 17:11

"Y les he dado a conocer tu nombre, y lo daré a conocer aun, para que el amor con que me has amado, esté en ellos, y yo en ellos." —Juan 17:26

Esta es la sabiduría de un hijo que carga el nombre y el apellido de su Padre. Un hijo que quiere honrar a su padre sabe que lo que él haga se va reflejar en la fama y honor de su padre. Jesús santificó el nombre de su Padre ya que todo lo que Él representó e hizo en la tierra lo hizo en el nombre del Padre. Como un buen judío Jesús sabía la implicación de uno de los 10 mandamientos. *"No tomarás el nombre de Jehová tu Dios en vano; porque no dará por inocente Jehová al que tomare su nombre en vano"* (Éx. 20:7). "Santificado sea tu Nombre" no solamente lo decimos en oración como parte de un ritual. Como hijos de Dios que cargamos Su Nombre, vivimos cada día trayéndole honor a Su Nombre con nuestras acciones, palabras, y la forma cómo lo representamos en la tierra. Si ese nombre es la clave para que yo pueda abrir el tesoro del Reino de los cielos, tengo que cuidarlo, reverenciarlo y santificarlo ante hombres, ángeles y demonios.

SANTIFICADO SEA TU NOMBRE

Cabe hacer una pregunta. ¿Qué nombre yo santifico hoy en oración, el del Padre o el del Hijo? Tengamos cuidado que no seamos muy técnicos con esto. Santificar el nombre del Padre equivale a santificar el nombre del Hijo porque Jesús ya nos dijo que los dos son una misma cosa. Todo lo que el Padre tiene en Su Nombre, hoy nos es concedido en el nombre de Jesús. Por eso es que Jesús operó en el nombre del Padre, pero entonces nos dijo a nosotros que todo lo que hagamos hoy lo hagamos en Su Nombre. Podemos decir que el nombre de Jesús me da acceso al Cielo. Es el código para abrir el cielo. Recuerda que un padre sabio sólo le entrega los códigos de su caja fuerte o de sus cuentas bancarias a hijos en quienes confían y quienes honran su nombre. ¿Estás seguro que tú eres ese hijo o hija a quien el Padre puede confiar la clave o el código para abrir los almacenes del cielo?

Es evidente que ya estamos en la presencia de Dios, pero aún no tenemos el derecho legal de pedir nada. Recordamos las palabras de Jesús, que lo que nos da derecho a pedir y a recibir todo lo que el Padre tiene en el cielo es el nombre de Jesús. Jesús mismo nos dio la clave: *"En aquel día no me preguntaréis (pediréis) nada. De cierto, de cierto os digo, que todo cuanto pidiereis al Padre en mi nombre, os lo dará"* (Jn. 16:23). Recuerda que toda la autoridad que tú tienes para pedir no reside en nada que tú seas o puedas hacer; la autoridad reside en el nombre que se te ha dado. Cuando un hijo de Dios se presenta en oración ante el Padre, debe llegar con la conciencia de que al mencionar el nombre de Jesús, capta de inmediato la atención del Padre. Tú le estás recordando al Padre el Nombre de Su Hijo que vivió en esta tierra dándole siempre honor al Padre. No hay lugar para el orgullo o la prepotencia. Si yo llegué al lugar secreto con el Padre es porque el nombre de Jesús me abrió el camino *porque no hay otro nombre bajo el cielo, dado a los hombres, en que podamos ser salvos* (He. 4:12).

¡Santificado sea Tu Nombre! Ahora vamos a entrar en la fase práctica de este paso en la Escuela de la Oración. Le pedimos al Espíritu Santo que revele la esencia, la santidad, el poder, la autoridad, la provisión y la protección que hay en el nombre que estamos santificando en oración. Declaramos lo que dice Proverbios 18:10: *"Torre fuerte es el nombre de Jehová; a él correrá el justo, y será levantado."* Le declaramos a Satanás y todos los enemigos de mi victoria que estamos corriendo hacia la torre del Nombre que es sobre todo nombre y que al exaltar el Nombre del Señor nosotros también somos exaltados.

"Por lo cual Dios también le exaltó hasta lo sumo, y le dio un nombre que es sobre todo nombre, para que en el nombre de Jesús se doble toda rodilla de los que están en los cielos, y en la tierra, y debajo de la tierra; y toda lengua confiese que Jesucristo es el Señor, para gloria de Dios Padre." —Filipenses. 2:9-11

Esto que vamos a hacer ahora es de gran importancia para preparar mi corazón y mi mente para poder recibir del Padre todo lo que su Hijo Jesús compró para mí con

Su sangre en la cruz. Hay ocho nombres redentores de Jehová los cuales describen la provisión de Dios para cada área de mi existencia. Por medio de estos ocho nombres es que Jehová Dios se dio a conocer a su pueblo en el Viejo Testamento. Sucede que son los mismos ocho nombres que describen la totalidad de la redención que Jesús compró para la raza humana. Cada vez que tú declaras cualquiera de estos ocho nombres, estás santificando al Nombre del Señor. A la misma vez, la revelación de cada nombre te inyecta fe para recibir todo lo que el nombre significa.

¡Santificado sea Tu Nombre! Padre, Tú eres mi **Jehová-Tsidkenu** (Jehová justicia mía). Lo primero que necesitamos al entrar en la presencia del Padre es tener la seguridad de que somos dignos de estar ahí. Nuestro Dios es un dios absolutamente justo y perfecto en todos sus caminos. ¿Cómo puede un ser humano de la raza caída de Adán presentarse ante Él sin ser consumido por Su presencia? ¡Gloria a Dios por la revelación que Jehová o Jesús es mi justicia! Por la sangre preciosa de Jesús hemos sido declarados y hechos justos ante Dios. Jesús es mi **Jehová-Tsidkenu** por medio de quién yo entro al padre y soy digno de participar de todas sus bendiciones. Como esa justicia me hizo hijo de Dios, ahora yo puedo usar el código del nombre de Jesús para tener poder en la oración. Declara hoy: **"Jehová-Tsidkenu,** gracias que tú eres mi justicia y ninguna arma de condenación del diablo contra mí, prosperará."

¡Santificado sea Tu Nombre! Padre, Tú eres mi **Jehová-M'kaddesh** (Jehová mi santificador). Gloria a Dios que Tú eres mi santificación. No solamente la sangre nos justifica ante Dios, sino que la sangre santifica todo mi ser para poder pararme con confianza ante un Dios santo. Cuando Dios dijo *"Seréis santo porque yo soy santo"*, Él quiso decir que es sólo por medio de Él que podemos alcanzar el nivel de santidad. Hoy yo santifico el nombre de Jesús porque por medio de ese nombre es que soy santo. Declara hoy en el lugar de oración: **"Jehová-M'kaddesh,** gracias, mi Señor Jesús que Tú eres mi santificación y en tu nombre puedo vivir por encima de todo pecado."

¡Santificado sea Tu Nombre! Padre, Tú eres mi **Jehová-Shalom** (Jehová mi paz). Gracias Padre que tengo la paz que sobrepasa todo entendimiento. Como Tú eres mi paz, no hay nada en este mundo que me pueda afanar o turbar. Tengo paz porque estoy justificado y santificado ante ti. Me puedo presentar ante cualquier situación durante este día sabiendo que mucha paz tienen los que aman tu ley y no hay para ellos tropiezo. Justificado, pues, por la fe tengo paz para con Dios. En el nombre de Jesús tengo paz como un río, y justicia como las ondas del mar (Is. 48:18).

¡Santificado sea Tu Nombre! Padre, Tú eres mi **Jehová-Shammah** (Jehová está presente). Declara con seguridad: "Jehová o Jesús, Tú eres el Dios que está siempre presente. Tu presencia me da descanso y sé que irás conmigo como le prometiste a Moisés. No importa lo que yo sienta o no sienta; yo creo que Tú siempre estás conmigo hasta el fin del mundo. No temo ni desmayo porque que Tú estas conmigo dondequiera que yo fuere. Disfruto las bendiciones de Tu presencia en este día y recibo la seguridad de tu promesa en la Palabra: *"No* *temas, porque yo estoy contigo; no desmayes, porque yo soy tu Dios que te esfuerzo; siempre te ayudaré, siempre te sustentaré con la diestra de mi justicia"* (Is. 41:10).

¡Santificado sea Tu Nombre! "Padre, Tú eres mi **Jehová-Rafa** (Jehová mi sanador). Desde Éxodo 15:26 Dios se reveló como *Jehová tu sanador.* Este nombre redentor nos asegura el pacto de sanidad que Dios tiene con sus hijos. Si esto era cierto en el Viejo Pacto, hoy tenemos más derecho a esta manifestación del nombre de Jehová. Por razón del sacrifico de Jesús en la cruz, por sus llagas fuimos sanados. Cuando tú santificas el nombre **Jehová-Rafa** estás asegurando que esta bendición de la redención de Jesús te sea impartida. Cada vez que entres al lugar de la oración declara: "Santifico el nombre de Jehová-Rafa. Jehová Tú eres mi eterno sanador. En el nombre de Jesús declaro que estoy sano de toda enfermedad y dolencia."

¡Santificado sea Tu Nombre! ¡Padre! Tú eres mi **Jehová-Jireh** (Jehová mi provisión). Padre, ¡qué maravilloso que Tú también estás interesado en mi éxito y mi prosperidad! Tú eres mi Jehová proveedor. En el nombre de Jesús declaro que mi Dios suplirá todo lo que me falte conforme a sus riquezas en gloria en Cristo Jesús. Gracias Jehová que Tú mismo eres mi provisión y mi porción en la tierra de los vivientes. Gracias por la provisión del Cordero que tomó mi lugar en al altar del sacrificio. Gracias que si diste al Cordero por mí, no me negarás ninguna otra provisión que yo necesite o requiera." ¡Aleluya!

¡Santificado sea Tu Nombre! "Padre, Tú eres mi **Jehová-Nissi.** Jehová, Tú eres mi bandera de guerra. Tú eres mi protección en la guerra espiritual y en mi lucha contra el enemigo. Declaro en este día que el Espíritu de Jehová levanta la bandera del nombre de Jesús en contra del enemigo. Estoy destinado a ser más que vencedor en cualquier conflicto porque Jehová-Nissi está conmigo. Yo santifico Tu poderoso nombre Jesús porque en Tu Nombre es que resisto al diablo y echo fuera todo demonio. Recibo la manifestación de Jehová-Nissi. *Y temerán desde el occidente el nombre de Jehová, y desde el nacimiento del sol su gloria; porque vendrá el enemigo como río, mas el Espíritu de Jehová levantará bandera contra él"* (Is. 59:19).

¡Santificado sea Tu Nombre! "Padre, Tú eres mi **Jehová-Rohi** (Jehová es mi Pastor). Este nombre redentor tiene que ver con mi seguridad temporal y eterna. Ahora yo declaro que Jehová es mi Pastor y nada me faltará. Jehová, mi pastor ha hecho provisión, tanto para mi seguridad en esta vida como en la venidera. Cuando en mi oración llego a esta parte de santificar el nombre de Jehová-Rohi, lo que yo hago es declarar el Salmo 23. En este día camino seguro porque sé que soy una oveja amada, cuidada y protegida por el Buen Pastor, Jesús. Santificado sea Tu Nombre Jehová-Rohi."

Después que hayas terminado de santificar los ocho nombres redentores de Jehová Dios puedes declarar que todo esto es posible porque **El-Shadday** es tu Padre. Este es el nombre por el cual Dios se le reveló a Abraham. *Era Abram de edad de noventa y nueve años, cuando le apareció Jehová y le dijo: Yo soy el **Dios Todopoderoso**; anda delante de mí y sé perfecto* (Gn. 17:1). **El-Shadday** es el Dios que es todopoderoso para hacer todas las cosas mucho más abundantemente de lo que pedimos o entendemos. **¡Santificado sea tu Nombre!** Porque Tú eres el que tiene todo el poder para respaldar todo lo que me has prometido en los ocho nombres redentores" ¡Aleluya!

Y recuerda que a Jehova también se le conoce por el Nombre **Jehová Sabaoth.** Esto corresponde en hebreo al nombre, Jehová de los ejércitos que es mencionado infinidad de veces especialmente en el Viejo Testimonio. Si añadimos este nombre pudiéramos decir que en vez de ocho nombres son nueve los nombres que debemos santificar.

Este nombre es tan importante en el cielo que aun los serafines que están proclamando su santidad ante la presencia de Dios declaran el uno al otro dando voces, diciendo: *Santo, santo, santo, Jehová de los ejércitos; toda la tierra está llena de su gloria* (Isa. 6:3). Está expresión te recuerda el ejército de ángeles que han sido asignados por Jehová Dios para tu protección diaria. **¡Santificado sea tu Nombre!**

Es posible que sólo esta parte de tu oración te tome un tiempo considerable. Recuerda que no estamos orando por el reloj, sino por el corazón. Si tuvieras que pasar todo el tiempo de oración en una de estas partes de la Oración del Padre Nuestro, hazlo. Lo importante es que ores y seas dirigido por el Espíritu Santo. Por eso es que estamos pidiendo: **"Señor, Enséñanos a Orar."**

Capítulo 5

"VENGA TU REINO"

Esta porción del Padre Nuestro ha sido muy mal interpretada casi desde que Jesús nos enseñó a orar. Hay una escuela de pensamiento que cuando ora "Venga Tu Reino" solamente piensa en la segunda venida de Jesús en gloria cuando todos los reinos de esta tierra serán absorbidos por el Reino de Dios. ¡Cuántos de nosotros, católicos y evangélicos, hemos orado el Padre Nuestro por años y años, pensando que estamos pidiendo que Cristo venga en gloria! Gloria a Dios que en los últimos 10 años el Espíritu Santo ha traído la revelación de que la manifestación del Reino de Dios, es más que un evento futuro en el plan profético de Dios; es una manifestación para la vida diaria del creyente y de la iglesia del Señor Jesucristo.

Es de suma importancia que entendamos cómo Jesús estableció prioridades claras en el orden de esta oración. Primero, reconocemos al Padre sentado en el Trono de los cielos. Después alabamos, loamos, y exaltamos Su

ENSÉÑANOS A ORAR

Nombre. Esto nos enseña que cuando entremos al lugar secreto con el Padre no debemos tener prisa para empezar a buscar primero nuestros propios intereses. Si hay algo que neutraliza la efectividad de nuestra oración, es pensar primero en nosotros y creer que todo se envuelve alrededor de nuestras necesidades y deseos. Esa fue la razón principal por lo cual Jesús nos aconsejo: *"No os afanéis, pues, diciendo: ¿Qué comeremos, o qué beberemos, o qué vestiremos? Porque los gentiles buscan todas estas cosas; pero vuestro Padre celestial sabe que tenéis necesidad de todas estas cosas.* ***Mas buscad primeramente el reino de Dios y su justicia, y todas estas cosas os serán añadidas"*** (Mt. 6:31-33). Si somos sinceros y honestos con nosotros mismos, tenemos que admitir que muchas veces oramos con ansiedad pensando más en las cosas que carecemos que en la habilidad del Padre bueno para suplirlas.

Jesús, que conocía muy bien la situación y mentalidad del ser humano, era muy conciente que es muy normal para nosotros estar en ansiosa inquietud, sin realizar que con el afán y la ansiedad estamos matando nuestra fe. Es solamente cuando buscamos el Reino de Dios en primer lugar, que seremos libres de la ansiedad y tendremos la fe para recibir todas las cosas por añadiduras. Si hemos empezado orando al Padre, hemos reconocido los cielos como el lugar de su tesoro, y hemos recibido la revelación de la provisión que hay en cada nombre de Dios; entonces, entenderemos que nuestro Padre celestial sabe que tenemos necesidad de todas estas cosas antes que nosotros le pidamos.

Por esta razón, es que es sólo después que santificamos el Nombre de Dios que estamos listos para hacer esta poderosa petición **¡Venga Tu Reino!** El Reino manifiesta todo lo que el nombre ha conseguido. En otras palabras, todo lo que el Nombre reclama y pide, vendrá a nosotros cuando el Reino de Dios se manifiesta. Esto no se puede comprender hasta tanto sepamos qué es el Reino de Dios y cómo opera. El Reino de Dios es el dominio, el gobierno, la autoridad, el poder, y toda la provisión de Dios. Es el lugar espiritual donde el Rey ejerce Su dominio y Su majestad.

Es evidente que un gran segmento del cristianismo no ha entendido que Jesús vino a esta tierra a algo más que morir por los pecados de la humanidad. Sin menoscabar la gran obra de la redención por medio de la sangre de Cristo, no podemos limitarnos a recibir sólo el perdón de nuestros pecados y esperar la segunda venida de Jesús en gloria. Es cierto que nuestro padre Adán pecó y necesitamos desesperadamente ser redimidos de la culpa, poder, y presencia del pecado. No podemos olvidar que juntamente con la rebelión del pecado Adán perdió el dominio y la autoridad en la tierra.

Adán era el representante legal del Reino de Dios en la tierra. Satanás tuvo éxito en impedir que ese Reino llenará toda la tierra como era el diseño original de Dios. El sueño de Satanás de establecer su propio reino en oposición al Reino de Dios, se hizo realidad al Satanás lograr que el hombre actuara en rebelión contra Su Creador. Es cierto que Dios siempre tuvo hombres que en una medida limitada traían la manifestación de Su Reino a la tierra por medio de la oración y una vida recta;

pero no fue hasta que Jesús vino a esta tierra que el Reino de Dios regresó en su total manifestación. Uno de los primeros mensajes de Jesús establece esto bien claro. *Después que Juan fue encarcelado, Jesús vino a Galilea predicando el evangelio del reino de Dios, diciendo: El tiempo se ha cumplido, y el reino de Dios se ha acercado; arrepentíos, y creed en el evangelio* (Mr. 1:14-15).

Con esta declaración de guerra Jesús le está notificando a Satanás que Alguien más poderoso que él había llegado a reconquistar todo lo que el primer Adán había perdido. Esta es una de las revelaciones más importante que un creyente puede recibir. Jesús quiere que el Reino de Su Padre venga a esta tierra en manifestación y que los hombres puedan volver a vivir en el dominio, la autoridad y el poder que tenía Adán cuando él era el vi-rey de la tierra. Con la venida de Jesús se le cumplió el tiempo a Satanás de tener a la raza humana bajo esclavitud. El Reino de Dios se ha acercado y cada hombre y mujer tienen el potencial de vivir otra vez en una nueva dimensión del Reino de los cielos.

El hecho de que Jesús nos enseñó a orar "**¡Venga Tu Reino!**" indica que, aunque Jesús hizo posible el regreso del Reino de Dios a la tierra, ahora cada creyente tiene que pedir el Reino en oración para que todas las bendiciones de ese Reino se manifiesten. Esto fue lo que Jesús le manifestó a Pedro cuando le habló de la Iglesia que Él edificaría después de su muerte y resurrección. *"Y a ti te daré las llaves del reino de los cielos; y todo lo que atares en la tierra será atado en los cielos; y todo lo que desatares en la tierra será desatado en los cielos"* (Mt. 16:19). Estas llaves no son sólo para Pedro, sino para cada persona que ha recibido la misma revelación acerca de Jesús, *"Tú eres el Cristo, el Hijo del Dios viviente"* (Mt. 16:16).

Esta declaración de Jesús a Pedro indica qué nivel de autoridad podemos tener en oración. Creo que todavía no hemos explorado una milésima parte de lo que todo esto significa. Hay llaves para abrir el Reino de los cielos. La oración es una de ellas. Por eso oí miles de veces a mi papá predicar que la oración es la llave del Reino de los cielos. Otra de esas llaves es el nombre de Jesús. Esto explica porque después de santificar el Nombre oramos Venga Tu Reino. Podríamos decirlo en esta forma: En el nombre de Jesús pedimos la manifestación de todo lo que el Padre posee en el Reino de los cielos. **¡Venga Tu Reino!**

¿Qué es lo que yo persigo cuando cada día oro, **"Venga Tu Reino"?** Que el Reino, dominio, gobierno, autoridad y poder de Dios se manifiesten en: mi vida, mi familia, mi iglesia, mi país. Que el Reino de Dios venga, se imponga, prevalezca, y se establezca en cada área de mi vida. Que la justicia, paz y gozo del Reino de los cielos se manifiesten en mí y sobre cada persona por la cual yo oro. Cuando yo me paro en la autoridad de un hijo de Dios lavado por la sangre de Jesús, yo puedo declarar que porque yo le he orado al padre **¡Venga Tu Reino!**; durante ese día el gobierno de Dios se manifestará en mi vida. Cuando yo hago eso en oración, declaro ante el Padre y los demonios que se oponen a Su Reino: "Nadie sino Jesús será hoy Rey en mi vida. Mi espíritu, alma y cuerpo están bajo sumisión al Rey de reyes y Señor de señores."

ENSÉÑANOS A ORAR

En este segmento de la oración del Padre Nuestro es cuando yo establezco la autoridad de Dios sobre mi esposa y mis hijos. Después declaro el Reino sobre cada miembro de la iglesia que pastoreo y sobre cada pastor que es parte del Ministerio Mundial Maranatha. Y finalmente pido que el Reino de Dios venga sobre mi ciudad y mi país. Este es el momento cuando también pido la manifestación del Espíritu Santo con señales y maravillas sobre mi ministerio y sobre la iglesia. Pido que cada miembro de mi iglesia sea lleno del Poder del Espíritu Santo y que los nueve dones del Espíritu sean evidentes en la vida de la iglesia.

Los que me han oído predicar acerca del Reino de Dios saben que yo comparo la manifestación del Reino de Dios con un desplazamiento espiritual. En la misma forma que dos objetos no pueden ocupar el mismo lugar físico; dos fuerzas espirituales tampoco pueden ocupar el mismo lugar espiritual. Siempre el objeto o la fuerza más poderosa va a desplazar a la fuerza u objeto inferior. Cuando el Reino de Dios se manifiesta toda fuerza demoníaca contraria es desplazada por el gobierno de Dios. A esto yo le he llamado la ley de desplazamiento espiritual. El Reino de Dios es justicia, paz y gozo de acuerdo a Romanos 14:7. Si el Reino de Dios viene y se manifiesta en cualquier situación o persona, todo lo que sea contrario a estas tres virtudes, no puede quedarse.

La mañana del 2 de agosto del 2003 tuve una especie de visión mientras oraba esta parte de la oración del Señor. Estaba orando y pidiendo la manifestación del Reino de Dios sobre situaciones, sobre personas no salvas, y aun sobre mi país. En una visión espiritual, vi una bola de demolición cayendo sobre personas y obras de Satanás, destruyendo todo aquello que es antagónico al Reino de los cielos. En mi país las maquinarias de demolición de edificios viejos tienen una grande y pesada bola de acero la cual la dejan caer sobre el edificio continua y sistemáticamente para destruirlo. Yo creo que lo que el Espíritu Santo me estaba demostrando, es que cuando oramos somos como el chofer de esa maquinaria de demolición; que tiramos la bola del Reino de Dios sobre todo aquello que tiene que ser demolido para que entonces se levante en su lugar el Reino de Dios.

Jesús dijo que una de las señales de que Su Reino ha venido es que los demonios son echados fuera. *"Pero si yo por el Espíritu de Dios echo fuera los demonios, ciertamente ha llegado a vosotros el reino de Dios"* (Mt. 12:28). Esto no solamente se refiere a la autoridad de echar fuera demonios que Jesús nos dio en la gran comisión. Cada vez que un hijo de Dios entra a la presencia del Padre en oración, demonios son asignados para impedir que oremos con efectividad. Cada vez que tú declaras **¡Venga Tu Reino!,** estás echando fuera los demonios que se sitúan en lugares celestiales para impedir que tu oración tenga resultados. La otra cara de la moneda es que el creyente y la iglesia que conoce la autoridad del Reino de Dios, podrá echar fuera los demonios y experimentar una atmósfera donde el Reino de Dios prevalece con sus bendiciones.

Estas son algunas de las manifestaciones por las cuales yo oro cuando declaro ¡Venga Tu Reino! Que la sanidad del Reino se manifieste. Que los demonios no se aguanten ante la presencia del Reino de Dios. Que los pecadores por los que estoy orando sean salvos, salgan del Reino de Satanás y vengan a ser parte del Reino de Dios. Que la prosperidad y abundancia económica del Reino de los cielos vengan a esta tierra para suplir nuestras necesidades y para la expansión del Reino de Dios a cada nación de la tierra.

Al fin de esta sección del Padre Nuestro, oro y pido que el Reino de Dios se establezca en cada nación por medio de la predicación del Evangelio. Que todas las fuerzas antagónicas del anticristo sean vencidas para que las buenas nuevas del Evangelio del Reino puedan llegar a cada nación, tribu y lengua. Que todos los enemigos del Reino en lugares y posiciones de autoridad sean derribados. Que sistemas políticos y religiosos que se oponen tenazmente a la predicación del evangelio del Reino se caigan para darle una oportunidad a los habitantes de ser salvos. ¿Qué hubiera sucedido en el mundo si toda la iglesia hubiera entendido la significación de la oración de Jesús **¡Venga Tu Reino!** y la hubiera hecho parte de su ritual y práctica?

Empecé este capitulo diciendo cómo esta oración ha sido limitada a la segunda venida de Jesús. Que quede del todo claro que creo firmemente en la segunda venida de Jesús a esta tierra, y que el Reino literal de Dios un día será establecido en este planeta. Por lo tanto, debemos también orar que Su Reino venga a establecerse en esta tierra. Viene un día cuando el Reino que se ha establecido en los corazones de los hombres y mujeres que han recibido a Jesús como Señor y Salvador, será establecido en esta tierra por encima de todos los Reinos.

Mientras tanto, seguimos orando **¡Venga Tu Reino!**, para que el Reino de Dios se manifieste ahora y para que venga después. Amén.

"Y en los días de estos reyes el Dios del cielo levantará un reino que no será jamás destruido, ni será el reino dejado a otro pueblo; desmenuzará y consumirá a todos estos reinos, pero él permanecerá para siempre." —Daniel 2:44

Capítulo 6

"HÁGASE TU VOLUNTAD"

Mientras regreso de un viaje a Ucrania estoy meditando sobre esta sección del Padre Nuestro. Como nunca antes, me vino como un rayo la revelación del Espíritu Santo; que este es el momento clave en la vida de toda persona que quiere agradar a Dios y cumplir Su propósito.— La encrucijada que decide si verdaderamente vamos a tener poder con Dios y con los hombres.— Es aquí donde muchos se frustran en su vida de oración y frustran los propósitos y diseños de Dios para sus vidas.   He descubierto por experiencia personal, que este sistema de oración tiene sus elementos de auto protección.   Mientras más nos envolvemos en esta vida de oración nos daremos cuenta, que no podremos adelantar en nuestra vida de oración ni hacer transacciones espirituales con el Padre a menos que resolvamos la problemática de la voluntad humana.

Es la rebelión lo que ha causado que el Reino de Dios no opere con autoridad en la tierra. Todo empezó desde que Lucifer trató de establecer su propia voluntad por encima de la voluntad del Creador. Desde entonces ha habido un gran conflicto cósmico entre la voluntad de Dios y la voluntad de las criaturas de Dios. Es muy evidente a los ojos de todos los que estudiamos seriamente las Escrituras que el primer pecado empezó como un atentado del hombre de establecer una voluntad personal independiente a la voluntad del Dios que lo había creado y le había dado una gran medida de poder y autoridad. Esto nos lleva por fuerza a definir pecado como pensar, hablar, o hacer cualquier cosa independiente de Dios y en violación a sus principios de autoridad.

El Padre anda buscando hijos obedientes a quien Él pueda comisionar los asuntos del Reino de los cielos. Por esta razón es que después que pedimos la manifestación del Reino, tenemos que someter nuestra voluntad a la voluntad de Dios. No hay forma que Dios le pueda entregar las llaves de los cielos a gente rebelde que ponen sus intereses por encima de los del Padre. Aun en el mundo natural es poco probable que un padre le confíe los asuntos de su empresa al hijo que ha decidido seguir su propio rumbo. No negamos que legalmente sigue siendo hijo, pero no tiene los privilegios de su posición. Por eso es que *la comunión de Jehová es con los que le temen y a ellos hará conocer su pacto.*

¡Hágase tu voluntad¡

Esto empieza conmigo. Yo tengo que someterme sin reservas a la voluntad de Dios. Si yo quiero que el Reino venga por medio de mí, tengo que reconocer, aceptar y obedecer la voluntad del Rey. Tenemos que admitir, aunque nos duela, que aun los creyentes somos cabeciduros para someter nuestra vida a la voluntad de Dios. Es cierto que queremos bendiciones, poder y autoridad, pero a la misma vez queremos mantener el derecho a decidir el curso de nuestras acciones y decisiones. En nuestra teología moderna hemos llegado a creer que podemos ser salvos y caminar en el poder de Dios sin hacer la voluntad de Dios. No me explico que van a hacer con las palabras de Jesús: *"No todo el que me dice: Señor, Señor, entrará en el reino de los cielos, sino el que hace la voluntad de mi Padre que está en los cielos"* (Mt. 7:21). Esto no solamente quiere decir que el no hacer la voluntad de Dios te impide la entrada al cielo. Para entrar en el dominio del Reino de los cielos y recibir las bendiciones del mismo tenemos que hacer la voluntad de Dios.

¡Hágase tu voluntad, como en el cielo, así también en la tierra! Cuando Jesús nos enseñó a orar no dejo ningún margen de duda acerca de cuál es la voluntad que debemos hacer. El hecho de que aún estemos en la tierra no nos excusa de hacer la voluntad de Dios. Todos los argumentos y razonamientos teológicos que nos hemos inventado, para decir que no podemos ser santos en esta tierra, tienen que echarse a un lado. Cada hijo de Dios debe presentar en oración su voluntad al Padre. Como yo deseo más que otra cosa la manifestación de su Reino en mi vida, pongo a un lado mi voluntad. Su voluntad se tiene que hacer en mí como es hecha en los cielos— perfecta, sin preguntas, sin rebelión, sin reservas. No podemos esperar que el cielo se ajuste a nosotros. Somos nosotros los que tenemos que ajustarnos al cielo. Dios no tiene problemas con que su voluntad sea hecha en los cielos. Ángeles, serafines y querubines obedecen sin cuestionar la voz de Su precepto.

Dios quiere traer todo lo del cielo a la tierra. Algunos han orado que la sanidad, la justicia y la abundancia del cielo vengan a la tierra porque esto es la voluntad de Dios. Esto es totalmente correcto, pero hay una condición para ello. Antes que la voluntad de Dios pueda manifestarse para nuestra bendición, salud y prosperidad, la voluntad de Dios tiene que manifestarse para nuestra santidad. **Si Dios puede encontrar un hombre o una mujer que sujete absolutamente su voluntad, sus deseos, sus palabras, sus pensamientos y sus acciones a la perfecta voluntad de Dios; no hay límites para lo que Dios pueda hacer para y a través de esa persona.**

Ni Jesús siendo Dios, se escapó de este requerimiento de Dios para poder operar en la tierra en el dominio y autoridad que perdió el primer Adán. Si Jesús tuvo que hacer la voluntad de Dios, no hay forma que nosotros podamos escapar de lo mismo. *"Entonces dije: He aquí que vengo, oh Dios, para hacer tu voluntad, Como en el rollo del libro está escrito de mí"* (He. 10:7). Es evidente de acuerdo a esta escritura que el propósito principal de la vida de Jesús era hacer la voluntad del Padre. Jesús tenía que probarle a esta humanidad perdida y a Satanás, que sí se puede hacer la voluntad de Dios en la tierra como es hecha en los cielos. Si alguien tenía derecho a reclamar sus derechos y a imponer su voluntad, ése era Jesús. Por eso Pablo nos dice que esa misma debe ser la actitud de cada creyente en el servicio a Dios.

"Haya, pues, en vosotros este sentir que hubo también en Cristo Jesús, el cual, siendo en forma de Dios, no estimó el ser igual a Dios como cosa a que aferrarse, sino que se despojó a sí mismo, tomando forma de siervo, hecho semejante a los hombres; y estando en la condición de hombre, se humilló a sí mismo, haciéndose obediente hasta la muerte, y muerte de cruz. Por lo cual Dios también le exaltó hasta lo sumo, y le dio un nombre que es sobre todo nombre." —Fil. 2:5-9

Aunque Jesús tenía su voluntad propia, Él tuvo que sujetarla completa y absolutamente al Padre. Veamos algunas escrituras que nos aseguran la veracidad de esta aseveración.

*Jesús les dijo: Mi comida es que **haga la voluntad del que me envió**, y que acabe su obra. —Juan 4:34*

*"No puedo yo hacer nada por mí mismo; según oigo, así juzgo; y mi juicio es justo, porque **no busco mi voluntad,** sino la voluntad del que me envió, la del Padre." —Juan 5:30*

*"Porque he descendido del cielo, **no para hacer mi voluntad,** sino la voluntad del que me envió." —Juan 6:38*

Estas escrituras indican que Jesús tenía autoridad para hablar acerca de la prioridad de buscar la voluntad de Dios. Su comida era hacer la voluntad de Dios, no buscaba su voluntad y no vino a hacer su voluntad.

Mientras escribo este capítulo Dios ha estado tratando conmigo acerca de la falta de poder en la iglesia moderna. Queremos el poder y la autoridad de Jesús, pero no queremos el estilo de vida que Jesús tenía. Hasta que hagamos una decisión de peso, de que vamos a hacer la voluntad de Dios no importa cual sea el precio; no tendremos el poder de Jesús para manifestar el poder del Reino de los cielos.

Hay dos cosas que se complementan una con la otra, el reino y la voluntad. El Reino de Dios viene para que la voluntad de Dios sea hecha en la tierra; pero es solamente en la medida que nosotros hagamos en la tierra la voluntad de Dios como es hecha en los cielos, que la plenitud del Reino de Dios se manifestará. Sólo manifestarán el poder y la autoridad del Reino de Dios los que han sometido su autoridad y su poder a ese Reino. Como dije al principio de este capítulo, este paso en la oración del Padre Nuestro es la encrucijada donde muchos se rajan. Especialmente mucha gente de palabra de fe y que enfatizan la autoridad del creyente, no han descubierto el gran poder que hay a nuestra disposición cuando sujetamos nuestra voluntad a la voluntad de Dios.

Habrá un momento específico en nuestra vida donde nos encontraremos en la encrucijada decisiva. Dios quiere hacer algo grande y usarnos en una forma poderosa, pero primero nos va a llevar a nuestro Getsemaní. Allí tú decides si vas a ser un cristiano real, o si te vas a conformar con ser parte de un sistema religioso hipócrita que tiene apariencia de piedad pero niega le eficacia de ella. Abraham estuvo en ese lugar unas cuantas veces. No es fácil acatar la voluntad de Dios cuando te pide el único hijo que tu tienes. Moisés tuvo que decidir si hacía su voluntad continuando en el palacio de Faraón, o si se sometía a la voluntad de un Dios que casi no conocía. Dios no obligó a ninguno de estos hombres a hacer Su voluntad. Somos nosotros los que decidimos, ¡Hágase tu voluntad! Jesús llegó a la cumbre de hacer la voluntad del Padre cuando tuvo su experiencia en el Getsemaní. *Y él se apartó de ellos a distancia como de un tiro de piedra; y puesto de rodillas oró, diciendo: "Padre, si quieres, pasa de mí esta copa; pero no se haga mi voluntad, sino la tuya"* (Lc. 22:41-42).

No es que Jesús perdió su voluntad cuando la sometió al Padre. Tú nunca perderás tu voluntad porque ese no es el diseño de Dios para sus hijos. Lo que le trae gran gloria a Dios es que tú y yo voluntariamente, teniendo nuestra propia voluntad, la pongamos en el altar de sacrificio y digamos con Jesús, *"No se haga mi voluntad, sino la tuya."* Es evidente que la humanidad de Jesús se resistía un poco al sufrimiento y al dolor que era parte de hacer la voluntad de Dios. Jesús sabía a qué había venido a esta tierra, a dar su vida por los pecados del mundo. Aun así llegó el momento crucial donde su carne como que trató de negociar con el Padre, *"Si quieres, pasa de mí esta copa."* Creo que es claro que Jesús está diciendo: "Esto de morir por los pecadores no es mi voluntad, pero Padre, como es la tuya, sea hecha tu voluntad."

¿Te das cuenta ahora qué significa cuando oramos **"Sea hecha tu voluntad** como en los cielos así también en la tierra"? Es más que exigirle a Dios cosas que Él ha prometido en Su Palabra. Es fácil decirle al Padre: "Tu voluntad es mi sanidad, tu voluntad es mi victoria, tu voluntad es que yo sea rico, tu voluntad es que no me falte nada." El problema con esta oración es que está virada. Podemos estar tratando de manipular a Dios con una aparente fe. Ni por un segundo pienses que yo no creo que es la voluntad de Dios darnos todas las cosas que pertenecen a la vida y la piedad. Sucede que antes de Dios darte esas cosas, Él quiere que tú traigas tu voluntad en cada área de tu vida y la pongas en el altar del sacrificio. Te aseguro por experiencia personal que cuando tu voluntad se parea exactamente con la voluntad de Dios, no hay nada que Él no te quiera dar, y no hay nada que tú no puedas hacer con el poder que Su voluntad va a manifestar en ti.

¡Sea hecha Tu voluntad!

Es una admisión, disposición, y petición que queremos hacer la voluntad de Dios. Nunca tengas miedo a hacer la voluntad de Dios por los miedos que te han infundido acerca del carácter de Dios y su voluntad. Pablo definió en Romanos 12: 2 la voluntad de Dios como algo bueno, agradable y perfecto. Es cierto, que de primera instancia cuando somos enfrentados con la voluntad de Dios, no se percibe así. Al principio lo único que vemos es el precio que hay que pagar para hacer la voluntad de Dios. Es aquí donde tenemos que andar por fe y no por vista. ¿En qué tú tienes la mirada, en las cosas pasajeras de este mundo o en los valores eternos del Reino de Dios? Juan nos dice que hay tres cosas que nos impiden hacer la voluntad de Dios.

HÁGASE TU VOLUNTAD

"Porque todo lo que hay en el mundo, los deseos de la carne, los deseos de los ojos, y la vanagloria de la vida, no proviene del Padre, sino del mundo. Y el mundo pasa, y sus deseos; pero el que hace la voluntad de Dios permanece para siempre." —1 Jn. 2:16-17

Los deseos de la carne, los deseos de los ojos y la vanagloria de la vida son las tres cosas que Satanás usa para entretenernos y desviarnos de hacer la voluntad de Dios. Casi siempre el hacer la voluntad de Dios va en contra de lo que mi carne desea. Cuando miro con los ojos naturales y no con los espirituales, lo que mis ojos desean en esta vida se ve más apetecible que cosas que ojo no vio, ni oído oyó. La vanagloria o el orgullo de la vida se opone a que yo haga la voluntad de Dios porque el hacer la voluntad de Dios nunca produce orgullo en lo que yo pueda hacer o lograr con mis propias fuerzas o sabiduría. Es sólo cuando tenemos una perspectiva eterna de la vida y sabemos que el mundo pasa con sus deseos que hacemos la voluntad de Dios; porque el que hace la voluntad de Dios permanece para siempre. ¡Aleluya!

Es posible que la razón por la cual tenemos ciertas reservas a hacer la voluntad de Dios es porque no sabemos cómo hacerlo. En oración, no solamente le pedimos a Dios ¡Hágase Tu voluntad!; también le pedimos que nos enseñe a hacer Su voluntad. Veamos una oración de David respecto a esto: *"Hazme oír por la mañana tu misericordia, Porque en ti he confiado; Hazme saber el camino por donde ande, Porque a ti he elevado mi alma. Líbrame de mis enemigos, oh Jehová; En ti me refugio. Enséñame a hacer tu voluntad, porque tú eres mi Dios; Tu buen espíritu me guíe a tierra de rectitud"* (Sal. 143:8-10). Es evidente que David buscaba el rostro de Dios por las mañanas. Él no confiaba en su propia prudencia para conducirse en los asuntos de la vida. Primero, David quería que Dios le indicara el camino por donde andar. Segundo, David le pedía a Dios que le enseñara a hacer Su voluntad en ese camino. Tercero, David pedía la dirección del Espíritu de Dios en la realización de la voluntad de Dios. Nosotros también podemos hacer lo mismo.

Llegará un momento cuando será una delicia hacer la voluntad de Dios, sin importar el precio. *"El hacer tu voluntad, Dios mío, me ha agradado, y tu ley está en medio de mi corazón"* (Sal. 40:8). No tengas la idea equivocada que todo será sufrimiento y privaciones en el proceso de hacer la voluntad de Dios. Lo que al principio es una disciplina y un sacrificio, llega un momento que se convierte en una delicia. No porque sea fácil someter mi férrea voluntad y hacer la voluntad de Dios. Es cuando veo los resultados de la voluntad de Dios que me deleito como decía David en hacer la voluntad de Dios. Esto explica porqué un mártir puede cantar a la misma vez que está ardiendo en una estaca en una de las plazas de Roma. ¿Cómo lo hago? *"Puestos los ojos en Jesús, el autor y consumador de la fe, el cual por el gozo puesto delante de él sufrió la cruz, menospreciando el oprobio, y se sentó a la diestra del trono de Dios"* (He. 12:2).

¡Hágase Tu voluntad! Ya que sé lo que envuelve someter mi voluntad para hacer la voluntad de Dios, ahora puedo orar con sabiduría **¡Hágase Tu voluntad!** Lo primero que yo hago cuando llego a esta parte del Padre Nuestro es renunciar a mi voluntad. *"Renuncio a mi propia voluntad y vivo para hacer Tu voluntad aquí en la tierra. Mi vida, tiempo, habilidades y recursos están en Tus manos para que Tú dispongas de ellos de acuerdo a Tu voluntad. Renuncio a los deseos de los ojos, los deseos de la carne, y al orgullo de la vida, para hacer tu voluntad. Ya yo no vivo para hacer mi voluntad, sino la voluntad de Aquel que murió por mí. Revélame cuál es Tu perfecta voluntad para mi vida y enséñame cómo hacerla. Gracias porque tu Buen Espíritu me guía a tierra de rectitud."*

Ya que he establecido la voluntad de Dios como una prioridad en mi vida, tengo la libertad de pedirle a Dios que su voluntad sea hecha en la tierra como es hecha en los cielos. Mi oración es que la voluntad de Dios se haga en mi cónyuge y mis hijos. Pido que Su voluntad se haga en cada miembro de la iglesia que pastoreo. Sabiendo cuál es la voluntad de Dios en los cielos empiezo a pedir por diferentes áreas de Su voluntad.

La voluntad de Dios es la salvación de todos los hombres. *Porque esto es bueno y agradable delante de Dios nuestro Salvador, el cual quiere que todos los hombres sean salvos y vengan al conocimiento de la verdad* (1 Ti. 2:3-4). Pido que Dios envíe el Espíritu de convicción para que la voluntad del pecador sea rendida y reciba la voluntad de Dios de hacerlo una nueva criatura.

La voluntad de Dios es que toda la tierra sea llena con la gloria de Dios. *Porque la tierra será llena del conocimiento de la gloria de Jehová, como las aguas cubren el mar* (Hab. 2:14). Le pido a Dios que abra puertas en cada país para que la Palabra corra y sea glorificada. Aquí podemos orar para que el Espíritu Santo envíe obreros a la mies. Que los creyentes operen en el espíritu de intercesión para romper los espíritus demoníacos que tienen a las naciones bajo el yugo de la idolatría, materialismo y paganismo.

La voluntad de Dios es que la Iglesia de Cristo sea gloriosa sin mancha y sin arruga. *A fin de presentársela a sí mismo, una iglesia gloriosa, que no tuviese mancha ni arruga ni cosa semejante, sino que fuese santa y sin mancha* (Ef. 5:27). Oramos que Dios levante iglesias poderosas en cada lugar. Que sean iglesias santas y con el poder del Espíritu Santo para duplicar las obras milagrosas de Jesús. Que en cada iglesia haya espíritu de oración y de avivamiento.

La voluntad de Dios es nuestra santificación. *Pues la voluntad de Dios es vuestra santificación; que os apartéis de fornicación* (1 Ts. 4:3). Oramos para que vivamos vidas santas separadas del pecado y de todo aquello que puede afectar el testimonio de Dios en la tierra. Que los predicadores pierdan el miedo a predicar santidad y a confrontar esta sociedad con el pecado como una realidad que desagrada a Dios y envía la gente a un infierno que es real.

La voluntad de Dios es que los enfermos sean sanados y los endemoniados sean liberados. Oremos para que Dios restaure el poder para hacer las obras de Jesús. A la misma vez podemos recordarle a Dios que la sanidad y liberación que se experimenta en el cielo se manifieste en nuestros cuerpos en la tierra.

HÁGASE TU VOLUNTAD

La voluntad de Dios es suplir nuestras necesidades.
Mi Dios, pues, suplirá todo lo que os falta conforme a sus riquezas en gloria en Cristo Jesús (Fil. 4:19). En el cielo no hay pobreza ni miseria. Por lo tanto, no podemos decir que la voluntad de Dios es que estemos pobres y miserables. Un hijo que vive en obediencia a la voluntad del Padre puede esperar que esta parte de la voluntad de Dios se manifieste en su vida aquí en la tierra.

La voluntad de Dios es que cada ministro y creyente acabe la obra que Jesús le encomendó. *Jesús les dijo: Mi comida es que haga la voluntad del que me envió, y que acabe Su obra* (Jn. 4:34). Oremos para que nada ni nadie nos impida hacer la obra de Dios. Que estemos dispuestos a pagar el precio que se requiera para hacer las obras de Dios y destruir las obras del diablo. Que no nos dejemos entretener por las cosas de este mundo y pongamos la vista en la recompensa que nos espera cuando hacemos la voluntad de Dios porque nuestro trabajo en el Señor no es en vano, y a su tiempo segaremos, si no desmayamos.

Termino este capítulo con el testimonio de Carlos Finney para darte a entender que importante es esta sección del Padre Nuestro. Carlos Finney fue uno de los predicadores más grandes y poderosos que se hayan levantado en el mundo. Había algo en el ministerio de Finney que producía tremenda convicción en los que escuchaban su predicación. Antes de ser salvo Finney era un abogado de renombre. Cuando alguien lo enfrentó con su necesidad de salvación, él decidió ir a un lugar apartado y solitario a orar. Si realmente había la posibilidad de la salvación él quería descubrirlo.

ENSÉÑANOS A ORAR

Cuando se encuentra solo en el bosque él no sabía cómo empezar a orar. Entonces, se le ocurrió orar el Padre Nuestro. Empezó: *"Padre nuestro que estás en los cielos. Santificado sea tu nombre. Venga tu Reino."* Mientras se preparaba para decir la próxima cláusula, *"Hágase tu voluntad en la tierra",* se dio cuenta que a menos que él estuviera dispuesto a someterse sin reservas a la voluntad de Dios, él no podía orar *"Hágase tu voluntad en la tierra."* Fue en ese momento que el Espíritu Santo le mostró a Finney que él era un religioso rebelde aunque era un respetable ciudadano. Fue así como Dios trató con él hasta que Finney se rindió a la voluntad de Dios. No paso mucho tiempo sin que Finney fuera bautizado en un bautismo del Espíritu y de poder que lo convirtió en uno de los evangelistas más poderosas que el cristianismo ha conocido.

¡Hágase Tu voluntad! Debe ser la oración de todo cristiano. Nunca habrá paz y satisfacción completa hasta que sometamos nuestra voluntad a la voluntad de Dios. Cuando la voluntad de Dios sea hecha, primero en mi vida, entonces podemos pedir que Su voluntad sea hecha *en la tierra como en los cielos.* Amén.

Capítulo 7

"EL PAN NUESTRO DE CADA DÍA DÁNOSLO HOY

Como hemos establecido claramente que sólo la voluntad de Dios será hecha en nuestra vida, estamos preparados para presentarle al Padre las peticiones de las necesidades que tenemos como sus hijos. La razón por la cual Jesús nos mandó a orar primero para que la voluntad de Dios se hiciera en nuestra vida, es para evitar que seamos egoístas y materialistas. No es que en ninguna manera el Padre se opone a que tengamos cosas que son esencia-les para nuestra supervivencia espiritual y material. Antes de Jesús enseñarnos a cómo orar ya nos había dicho en Mateo 6:8 *"porque vuestro Padre sabe de qué cosas tenéis necesidad, antes que vosotros le pidáis."* Lo que el Padre quiere enseñarnos es que si buscamos primero Su Reino y Su justicia, entonces, todas las demás cosas nos serán añadidas (Mt. 6:33).

ENSÉÑANOS A ORAR

Es muy evidente que los padres sienten responsabilidad por el sostén de sus hijos. El Padre Nuestro, que es mejor que cualquier padre en esta tierra nos dará cosas mejores y mayores que lo que cualquier padre terrenal pueda darle a un hijo. "Pues si vosotros, siendo malos, sabéis dar buenas dádivas a vuestros hijos, ¿cuánto más vuestro Padre que está en los cielos dará buenas cosas a los que le pidan?" (Mt. 7:11). Pero hay otra cosa que también es evidente. Un padre está más dispuesto a proveerle y a alimentar a un hijo que hace y trabaja para su voluntad que a un hijo que insiste en su propia independencia e individualidad. ¿Te das cuenta ahora porqué antes de orar por el pan de cada día, tuvimos que aprender a pedir Su Reino y comprometernos a hacer Su voluntad? Nuestro Padre que está en los cielos está comprometido a alimentar y a proveerle a los que primero buscan su Reino y los que viven para hacer Su voluntad.

¡El pan nuestro de cada día, dánoslo hoy! Jesús nos enseña a tener una dependencia diaria de nuestro Padre. No tenemos que preocuparnos por el día de mañana, porque el día de mañana traerá su afán. Esto es así, porque es más fácil pedir para un día y no para muchos días a la vez. También yo creo que Jesús lo determinó en esta forma para que cada día tengamos que llegar de nuevo al Padre a pedir la bendición y provisión del día. Jesús conoce nuestra condición humana, que si lo tenemos todo de una vez nos olvidamos de Aquel que nos lo proveyó en primer lugar. En esta forma nos vemos obligados a mantener una comunión diaria con el Padre, y a vivir por fe un día a la vez.

EL PAN NUESTRO DE CADA DÍA

Este ejemplo lo tenemos en el Antiguo Testamento en la historia del pueblo de Israel. Cuando ellos salieron de Egipto, Dios instituyó un sistema para sostenerlos.

"Esto es lo que Jehová ha mandado: Recoged de él cada uno según lo que pudiere comer; un gomer por cabeza, conforme al número de vuestras personas, tomaréis cada uno para los que están en su tienda. Y los hijos de Israel lo hicieron así; y recogieron unos más, otros menos; y lo medían por gomer, y no sobró al que había recogido mucho, ni faltó al que había recogido poco; cada uno recogió conforme a lo que había de comer. Y les dijo Moisés: Ninguno deje nada de ello para mañana. Mas ellos no obedecieron a Moisés, sino que algunos dejaron de ello para otro día, y crió gusanos, y hedió; y se enojó contra ellos Moisés. Y lo recogían cada mañana, cada uno según lo que había de comer; y luego que el sol calentaba, se derretía" —Éx. 16:16-21

La orden de Dios fue que Él mandaría cada día maná del cielo para alimentar a su pueblo. Las instrucciones eran que cada día bien temprano cada familia tendría que ir a recoger el maná que caía del cielo. Esto lo hacían por seis días porque el día sábado era día de reposo y no caería pan del cielo. Cada día los israelitas podían recoger todo el pan que pudieran consumir. No lo podían guardar para el día de mañana porque se dañaba. El único día que se podía recoger doble era el viernes porque el sábado no se permitía ninguna obra. Algunos hebreos trataron de ignorar estas instrucciones y recogieron doble para no tener que volver al otro día. Para su sorpresa el maná que habían recogido ayer se había podrido. *Mas ellos no obedecieron a Moisés, sino que algunos dejaron de ello para otro día, y crió gusanos, y hedió; y se enojó contra ellos Moisés* (Éx. 16:20). ¡Lo más trágico es que no tenían maná para ese día porque no fueron temprano a recoger!

Este principio sigue siendo válido hoy en día. Cada día tenemos que ir a recoger la provisión que Dios ha prometido para sus hijos. La de ayer no nos sirve para hoy, y no importa lo mucho que recoja hoy, no me sirve para mañana. Esta es la forma sabia de Dios para mantenernos en una diaria y completa dependencia de Él. De acuerdo con el patrón del maná en el Antiguo Testamento, se supone que lo primero que debemos hacer cada día es buscar el maná del cielo. Que no nos pase como a los israelitas que al no ir temprano a recoger al maná se quedaron ese día sin provisión.

Es casi seguro que la mayoría de los que están leyendo este libro son como yo. Por muchos años los cristianos creíamos que el pan de cada día se refiere solamente a la alimentación diaria o a la provisión de Dios para nuestras necesidades. A través de los años he descubierto que es mucho más que eso. La Biblia habla más de Pan espiritual que de pan físico. Esto cambia toda la perspectiva cuando estamos orando cada día **¡El pan nuestro de cada día, dánoslo hoy!** Hay una revelación del Pan del cielo que es mucho más poderosa que la provisión del pan que sostiene la vida natural. Hay un pan que sostiene la vida espiritual. Para mi sorpresa encontré siete diferentes panes que yo puedo esperar que el Padre me dé cada día.

1. El Pan de la revelación de Jesús. Cuando Jesús estuvo aquí en la tierra, Él turbó y confundió a los lideres religiosos de su tiempo cada vez que Jesús se refirió a Él mismo como el Pan que descendió del cielo.

*"Nuestros padres comieron el maná en el desierto, como está escrito: Pan del cielo les dio a comer. Y Jesús les dijo: De cierto, de cierto os digo: No os dio Moisés el pan del cielo, mas mi Padre os da el verdadero pan del cielo. Porque el pan de Dios es aquel que descendió del cielo y da vida al mundo. Le dijeron: Señor, danos siempre este pan. Jesús les dijo: **Yo soy el pan de vida;** el que a mí viene, nunca tendrá hambre; y el que en mí cree, no tendrá sed jamás."—Juan. 6:31-35*

Murmuraban entonces de él los judíos, porque había dicho: Yo soy el pan que descendió del cielo. —Juan 6:41

"Yo soy el pan de vida."—Juan 6:48

*"Este es el pan que desciende del cielo, para que el que de él come, no muera. **Yo soy el pan vivo que descendió del cielo**; si alguno comiere de este pan, vivirá para siempre; y el pan que yo daré es mi carne, la cual yo daré por la vida del mundo." —Juan 6:50-51*

"Como me envió el Padre viviente, y yo vivo por el Padre, asimismo el que me come, él también

vivirá por mí. Este es el pan que descendió del cielo; no como vuestros padres comieron el maná, y murieron; el que come de este pan, vivirá eternamente." —Juan 6:57-58

Los judíos no pudieron entender cuando Jesús les dijo que Él era el verdadero pan del cielo, y que para tener vida debían comer su carne. Ellos no comprendieron que Jesús estaba hablando de una revelación espiritual que ellos necesitaban recibir acerca de la persona de Jesús. Comer de Jesús era recibir su vida, recibir su espíritu y recibir Su Palabra como el verdadero pan del cielo. Cada día yo necesito una revelación de Jesús para mi vida. Me he dado cuenta que aunque conocí a Jesús ayer, hoy necesito llegar donde el Padre para que me dé de comer del Maná escondido de la revelación del Jesús que el Espíritu Santo tiene para mí cada día. Perdona la expresión y espero que no te ofenda. Cada día me tengo que comer la revelación de los ocho nombres redentores de Jesús que aprendí cuando estudiamos **¡Santificado sea Tu Nombre!**

"Dame hoy Padre, el pan nuestro de la revelación del Pan del Cielo, que es Jesucristo. ¡Cómo la necesito para el sostén espiritual de este día!."

2. El Pan de la Revelación de la Palabra. Cuando Jesús se encontró con el Tentador en el desierto para tentarlo a convertir las piedras en pan, Jesús le contestó: *"Escrito está: No sólo de pan vivirá el hombre, sino de toda palabra que sale de la boca de Dios"* (Mt. 4:4). Satanás quería ser el instrumento para proveerle pan natural a Jesús en su momento de mayor necesidad física, pero Jesús le contestó que había un Pan con más poder sostenedor que el pan de trigo. La Palabra que procede de la boca de Dios produce vida en el ser humano. Jesús no descontó la importancia del pan natural porque Él dijo *no solo de pan vivirá el hombre;* pero nos dio la revelación que lo que el pan natural es para el cuerpo físico, lo es la Palabra de Dios para el espíritu del ser humano.

Cada día tú necesitas leer la Palabra de Dios en las Santas Escrituras, pero también necesitas la revelación de la misma. Es ahí donde debes orarle al Padre: "Dame hoy el Pan de la Palabra. Dame la revelación de la Palabra que va a sostener hoy mi vida espiritual." Es trágico que millares de creyentes están débiles espiritualmente, y aun muchos otros se han descarriado de servir a Dios porque descuidaron pedir y recibir el Pan Nuestro de la Palabra de Dios para cada día. Cada vez que yo he descuidado esta disciplina diaria de leer la Palabra y pedir la revelación del Espíritu Santo, he notado como mi vida espiritual empieza a decaer, la pasión por Jesús comienza a enfriarse y las cosas del mundo empiezan a atraerme. Todo como resultado que perdí la energía del Pan diario de la Palabra de Dios.

"Dame hoy Padre, el pan nuestro de la Palabra que sale de la boca de mi Padre que está en los cielos. ¡Cómo lo necesito para el sostén espiritual de este día!"

3. El Pan de la Voluntad de Dios. Debemos llegar a un nivel en nuestra experiencia cristiana donde el hacer la voluntad de Dios sea más importante que la comida diaria. Sigamos el consejo del profeta Isaías: *"¿Por qué* *gastáis el dinero en lo que no es pan, y vuestro trabajo en lo que no sacia? Oídme atentamente, y comed del bien, y se deleitará vuestra alma con grosura. Inclinad vuestro oído, y venid a mí; oíd, y vivirá vuestra alma; y haré con vosotros pacto eterno, las misericordias firmes a David* (Is. 55:2-3). Millares de cristianos pasan toda su vida en el afán de comer y beber y conseguir las cosas que creen que le van a traer satisfacción espiritual. No es que sea un pecado comer y beber para alimentar el cuerpo que es templo del Espíritu Santo; pero no debe ser la razón fundamental de nuestra existencia. Pablo dijo: *"Porque por ahí andan muchos, de los cuales os dije muchas veces, y aun ahora lo digo llorando, que son enemigos de la cruz de Cristo; el fin de los cuales será perdición, cuyo dios es el vientre, y cuya gloria es su vergüenza; que sólo piensan en lo terrenal"* (Fil. 3:18-19).

Jesús probó que hay tal cosa como el Pan de la voluntad de Dios. En una ocasión cuando Jesús le estaba ministrando a la mujer samaritana, los discípulos habían ido a comprar comida para alimentar a Jesús. Cuando llegan y ven a Jesús predicando la Palabra a los que habían llegado de Samaria, le dijeron: *"Rabi come"* (Jn. 4:8,31). La respuesta de Jesús sorprendió aun a sus discípulos: *"Yo tengo una comida que comer, que vosotros no sabéis"* (Jn. 4:32). Ellos creían que alguien le había traído a Jesús algo de comer. *Jesús les dijo: Mi comida es que haga la voluntad del que me envió, y que acabe Su obra* (Jn. 4:34). Aquí Jesús estableció que hay un pan de la voluntad de Dios, el cual era más importante para Jesús que la comida natural. Tú y yo debemos pedir cada día que el Padre nos revele Su voluntad. Pidamos oír

Su voz y saber qué dirección seguir para cumplir Su voluntad.

"Dame hoy Padre, el Pan nuestro de Tu voluntad. Que Tu voluntad sea el pan que alimenta mi voluntad y que hacer Tu voluntad se convierta en mi prioridad. ¡Cómo necesito saber Tu voluntad y tener la dirección para hacerla!"

4. El Pan de la Sabiduría del cielo. *"Porque Jehová da la sabiduría, y de su boca viene el conocimiento y la inteligencia"* (Pr. 2:6). Ya vimos antes que de la boca de Dios sale la Palabra que es el pan para nuestro espíritu. También de la boca de Dios sale la sabiduría. Al igual que cada día necesito la revelación de la Palabra y de la voluntad de Dios, también necesito la sabiduría que sale de Su boca. Yo no estoy hablando de un conocimiento intelectual que alimenta mi mente y mi razonamiento; yo estoy detrás del Pan de la sabiduría que alimenta mi espíritu. Tengo que ser consciente que en el proceso de Dios darme la sabiduría de cada día habrá cosas difíciles de digerir. Recordemos la experiencia del profeta Ezequiel cuando se comió el rollo. *"Me dijo: Hijo de hombre, come lo que hallas; come este rollo, y vé y habla a la casa de Israel. Y abrí mi boca, y me hizo comer aquel rollo. Y me dijo: Hijo de hombre, alimenta tu vientre, y llena tus entrañas de este rollo que yo te doy. Y lo comí, y fue en mi boca dulce como miel"* (Ez. 3:1-3). Es evidente por las palabras que Dios le dijo a Ezequiel que antes de él poder ir a hablarle a la casa de Israel debía comerse el rollo y saborearlo.

La sabiduría de Dios debe ser una prioridad en nuestra vida cada día. Salomón sabía esto y pidió sobre todo sabiduría de Dios para saber cómo conducirse con su pueblo. Si pidiéramos cada mañana este pan cometeríamos menos errores. Pídele cada mañana a Dios que te dé a comer de su sabiduría para que después puedas ir a tratar con las otras personas. La dulzura que tú experimentes cuando Dios te dé este pan de cada día, podrá ser notada por otros en tu trato con ellos. Creo sin lugar a dudas que hay una sabiduría oculta la cual Dios quiere revelarme cada día. *El que tiene oído, oiga lo que el Espíritu dice a las iglesias.* **Al que venciere, daré a comer del maná escondido,** *y le daré una piedrecita blanca, y en la piedrecita escrito un nombre nuevo, el cual ninguno conoce sino aquel que lo recibe* (Ap. 2:17). Esta es la misma sabiduría de la cual habló Pablo: *"Mas hablamos sabiduría de Dios en misterio, la sabiduría oculta, la cual Dios predestinó antes de los siglos para nuestra gloria"* (1 Co. 2:7).

"Dame hoy Padre, el Pan nuestro de Tu sabiduría. Dame a comer del maná escondido de Tu sabiduría y que la dulzura que yo experimente con Tu sabiduría pueda ser de bendición a otros. ¡Cómo necesito comer Tu sabiduría para ir a hablarle a la casa de Israel!"

5. El Pan de la Sanidad y la Liberación. Jesús dijo que la sanidad y la liberación es el pan de los hijos (Mt. 15:26). Por lo tanto, si tú y yo somos sus hijos tenemos el derecho de pedirle al Padre cada día que nos dé el pan que nos mantiene saludables y nos mantiene libres de la influencia de los demonios. Si la mujer sirofenicia recibió la sanidad de su hija con las migajas que cayeron de la mesa, ¡imagínate que podemos recibir los hijos que nos sentamos a la mesa con el Padre! Mientras escribo tengo una imagen mental. Me veo sentado con los hijos de Dios en una mesa muy grande donde el Padre está a la cabecera. Si me siento enfermo o molesto por demonios, puedo pedirle al Padre que me pase Su pan de sanidad o Su pan de liberación. Hay un pan de sanidad para los hijos que está disponible las 24 horas. ¿Por qué seguir enfermo y deprimido? A la misma vez, creo que ese mismo pan me puede mantener sano y liberado si cada día en mi oración yo lo pido.

"Dame hoy Padre, el Pan nuestro de Tu sanidad y liberación. Tú has prometido sanar mi pan y mis aguas y que ninguna enfermedad venga a mí que soy Tu hijo. Me siento a Tu mesa y te pido el pan del cielo de la sanidad en el nombre de Jesús."

6. El Pan de la Provisión Diaria. ¿Qué es el pan de la provisión diaria? Todo lo que yo necesito para vivir disfrutando todas las cosas en abundancia. Esto incluye desde el plato de comida hasta la casa en la que vives. Dios ha prometido no dejar padecer hambre al justo y Pablo aseguró que, *Mi Dios, pues, suplirá todo lo que os falta conforme a sus riquezas en gloria en Cristo Jesús* (Fil. 4:19). David dijo: *"Los leoncillos necesitan, y tienen hambre; pero los que buscan a Jehová no tendrán falta de ningún bien"* (Sal. 34:10). Cuando Dios envió el maná en el desierto a los hijos de Israel, ellos no sabían lo qué era. Por eso le llamaron **MANÁ**, que significa ¿qué es esto? Esto me indica a mí que la provisión de Dios es siempre milagrosa. Espera que cada día Dios te provea todo lo que necesitas para ese día. Habrá momentos cuando ni tú sabrás qué ni cómo vino. Tú solamente podrás decir: ¿Qué es esto? Quizá esa fue la misma reacción de los discípulos de Jesús cuando repartían el pan a la multitud y se multiplicaba en sus manos.

Nunca tengas reservas en pedirle al Padre lo que necesites. Él tiene tierno cuidado de sus hijos y no los dejará quedar avergonzados porque decía David: *"Joven fui, y he envejecido, y no he visto justo desamparado, ni su descendencia que mendigue pan"* (Sal. 37:25).

"Dame hoy Padre, el Pan nuestro de Tu provisión para cada una de mis necesidades. Gracias que tú me darás todas las cosas mucho más abundantemente de lo que pueda pedir e imaginar. Si Tú alimentas las aves del cielo, también sé que por cierto me alimentarás también a mí."

7. El Pan (Palabra) para yo alimentar a otros. Jesús enseñó una parábola acerca de un hombre a quien le llega un amigo de visita. *Les dijo también: ¿Quién de vosotros que tenga un amigo, va a él a medianoche y le dice: Amigo, préstame tres panes, porque un amigo mío ha venido a mí de viaje, y no tengo qué ponerle delante;* (Luc. 11:5-6). Esto habla de las muchas veces que tenemos que compartir el Pan de la Palabra a otros que también la necesitan. Esta es una oración que yo tengo que hacer muy a menudo, porque la mayoría de las veces yo me siento que no tengo pan espiritual para compartir con aquellos a quienes tengo que ministrarle. Aunque tú no seas un predicador de la Palabra, tú puedes hacer esta oración porque cada día te encontrarás con personas que también necesitan el Pan del cielo.

"Dame hoy Padre, el Pan de la Palabra para alimentar o otros que llegan a mí hambrientos por el

Pan de Vida. Dame el triple pan de la salvación que pueda ministrar a todo el ser; espíritu, alma y cuerpo de aquellos a quienes yo les ministre."

Recuerda que esa petición de pan la necesitarás por el resto de tu vida. La Biblia dice que el hombre vive por la palabra que sale de la boca de Dios, pero también dice que el justo por su fe vivirá. Si ponemos estas dos escrituras juntas, llegamos a concluir que la fe para vivir cada día viene de la Palabra (el pan) que sale de la boca de Dios cada día. Busca, entonces, cada día el pan del cielo para que tengas la fe del cielo para cada día. Amén.

ENSÉÑANOS A ORAR

Capítulo 8

"PERDÓNANOS NUESTRAS DEUDAS"

"Porque si perdonáis a los hombres sus ofensas, os perdonará también a vosotros vuestro Padre celestial; mas si no perdonáis a los hombres sus ofensas, tampoco vuestro Padre os perdonará vuestras ofensas." — Mt. 6:14-15

Es de notar lo importante que es esta parte de la Oración del Señor. De todas las partes del Padre Nuestro ésta fue la única cláusula que Jesús comentó después de haber terminado la oración.

Todos reconocemos que para poder ejercer fe y tener las respuestas a nuestras oraciones, no podemos permanecer en pecado. Es indispensable que sepamos que todos nuestros pecados han sido perdonados para que podamos tener toda la atención de Dios. Las

91

ENSÉÑANOS A ORAR

palabras de Isaías son muy claras al respecto. *"He aquí que no se ha acortado la mano de Jehová para salvar, ni se ha agravado Su oído para oír; pero vuestras iniquidades han hecho división entre vosotros y vuestro Dios, y vuestros pecados han hecho ocultar de vosotros Su rostro para no oír"* (Is. 59:1-2). Si nuestras oraciones no son efectivas, es mejor que busquemos que la causa está en nosotros, y no en Dios, porque Su mano no se ha acortado ni Su oído se ha agravado para no oír.

En acuerdo con la enseñanza de Jesús, cada vez que oremos debemos pedir el perdón de nuestros pecados. Es cierto que muchos objetan a esto creyendo que si lo hacen van a vivir con una conciencia de pecado. Sigo creyendo que Jesús era más inteligente que todos nosotros y Él sabía que cada día necesitamos la seguridad de que todos los pecados han sido perdonados. Es posible que en ocasiones haya pecados en nuestra vida, que ni uno mismo se ha dado cuenta de ellos. Por eso David dijo: *"¿Quién podrá entender sus propios errores? Líbrame de los que me son ocultos"* (Sal. 19:12). No está demás que le preguntemos al Espíritu Santo que nos los revele para poderlos confesar y renunciar a ellos porque, *"Dios, Tú conoces mi insensatez, y mis pecados no te son ocultos"* (Sal. 69:5).

Pidamos por el perdón de los pecados sabiendo que *"Si decimos que no tenemos pecado, nos engañamos a nosotros mismos, y la verdad no está en nosotros"* (1 Jn. 1:8). Pero, a la misma vez, teniendo la gloriosa confianza y seguridad que, *"Si confesamos nuestros pecados, él es fiel y justo para perdonar nuestros pecados, y limpiarnos de toda maldad"* (1 Jn. 1:9). Recuerda que somos los hijos de Papá, y lo que Él quiere es que tengamos una perfecta comunión con Él y que podamos así conocer Su pacto. Demos gracias porque, *no ha hecho con nosotros conforme a nuestras iniquidades, ni nos ha pagado conforme a nuestros pecados. Porque como la altura de los cielos sobre la tierra, engrandeció su misericordia sobre los que le temen. Cuanto está lejos el oriente del occidente, Hizo alejar de nosotros nuestras rebeliones. Como el padre se compadece de los hijos, se compadece Jehová de los que le temen* (Sal. 103:10-13).

Este debe ser el momento en la oración cuando le pides a Dios el espíritu de santidad, y que la gracia de Dios te sea impartida para renunciar a todo lo que es oculto y vergonzoso; y para que seas limpio de toda contaminación de carne y espíritu perfeccionando la santidad en el temor de Dios (2 Co. 7:1). Permite que la sangre de Cristo limpie aun tu conciencia de obras muertas para servir al Dios vivo porque, *la sangre de Jesucristo su Hijo nos limpia de todo pecado* (1 Jn. 1:7). No olvidemos que tenemos un enemigo que trabaja las 24 horas trayendo culpa y acusación a los hijos de Dios para debilitarlos y hacerlos impotentes espiritualmente. Permíteme que te comparta algo que a mí me ha funcionado. Cuando el acusador viene, y esto especialmente durante el tiempo de oración, y empieza a recordarme mis errores o pecados pasados; yo no discuto con él. Muchas veces le he dicho: "Si quieres te ayudo"; y hasta he sacado un cuaderno para enumerar los pecados. Cuando le digo esto y le recuerdo que por la gracia de Dios y la sangre de Cristo, mis pecados han sido perdonados (1 Jn. 1:7), están en el fondo de la mar (Mi. 7:9), y Dios no tiene más memoria de ellos (He. 8:12); en

ENSÉÑANOS A ORAR

el 100% de las veces se ha largado antes que yo haga la lista. ¡Aleluya!

Hay otra condición que es indispensable para poder recibir el perdón de todos mis pecados. Jesús condicionó el perdón del Padre a mi disposición para yo perdonar a todos los que han pecado contra mí o me hayan ofendido. Este es un principio que no puede ser evadido e ignorado. Sin importar las razones que yo crea que son de gran peso para no perdonar a otro; la sentencia de Jesús es definida y absoluta, *"Si no perdonáis a los hombres sus ofensas, tampoco vuestro Padre os perdonará vuestras ofensas"* (Mt. 6:15). No hay manera que podamos interpretar esto en alguna otra forma. Seré perdonado en la medida que yo perdono. Yo no puedo recibir de Dios nada que no esté dispuesto a hacer por los semejantes porque, *"Si alguno dice: Yo amo a Dios, y aborrece a su hermano, es mentiroso. Pues el que no ama a su hermano a quien ha visto, ¿cómo puede amar a Dios a quien no ha visto?"* (1 Jn. 4:20).

Esta no fue la única vez que Jesús relacionó la respuesta a la oración con la disposición de perdonar a otros. En el famoso pasaje donde Jesús maldijo la higuera y le enseñó a sus discípulos cómo desatar la fe de Dios por medio de la confesión y la oración; después de decirles, *"Por tanto, os digo que todo lo que pidiereis orando, creed que lo recibiréis, y os vendrá"* (Mr. 11:24); enseguida añadió lo siguiente: *"Y cuando estéis orando, perdonad, si tenéis algo contra alguno, para que también vuestro Padre que está en los cielos os perdone a vosotros vuestras ofensas. Porque si vosotros no perdonáis, tampoco vuestro Padre que está en los cielos os perdonará vuestras ofensas"* (Mr. 11:25-26). Una verdad que Jesús la estableció dos veces con tanta fuerza, debería ser atendida por todos nosotros como algo que es de suma importancia.

El apóstol Juan tomó este mismo principio y lo presentó en esta forma en su carta: *"Hijitos míos, no amemos de palabra ni de lengua, sino de hecho y en verdad. Y en esto conocemos que somos de la verdad, y aseguraremos nuestros corazones delante de él; pues si nuestro corazón nos reprende, mayor que nuestro corazón es Dios, y él sabe todas las cosas. Amados, si nuestro corazón no nos reprende, confianza tenemos en Dios; y cualquiera cosa que pidiéremos la recibiremos de él, porque guardamos sus mandamientos, y hacemos las cosas que son agradables delante de Él"* (1 Jn. 3:18-22). Juan nos enseña mucho en su carta de la importancia de que el hijo de Dios camine en amor. Su posición es tan absoluta que Juan nos dice, que el que dice ser cristiano y aborrece a su hermano, permanece en muerte. El amor es una de las evidencias de la salvación de cualquier persona.

La esencia del amor es el perdón. Si no perdonamos, entonces tampoco amamos. Cuando no perdonamos a los hombres sus ofensas, algo ocurre dentro de nuestro corazón. Perdemos la confianza (la habilidad para creer) en Dios. Un corazón que no perdona no tiene fe y no le puede creer a Dios. Lo único que puede hacer este corazón es reprendernos, o traernos convicción de pecado. Dios usará Su Espíritu Santo para que redarguya tu corazón de la falta de amor y perdón para que así tú puedas arrepentirte y perdonar a tu hermano. Esto no nos debe extrañar porque aun Jesús nos dijo que el perdón es indispensable para que Dios reciba cualquier ofrenda que uno traiga al altar. *"Por tanto, si traes tu ofrenda al altar, y allí te acuerdas de que tu hermano tiene algo contra ti, deja allí tu ofrenda delante del altar, y anda, reconcíliate primero con tu hermano, y entonces ven y presenta tu ofrenda"* (Mt. 5:23-24).

Esta es un área en la cual todos debemos seguir el ejemplo de Jesús. Pablo nos exhorta: *"Antes sed benignos unos con otros, misericordiosos, perdonándoos unos a otros, como Dios también os perdonó a vosotros en Cristo. Sed, pues, imitadores de Dios como hijos amados. Y andad en amor, como también Cristo nos amó, y se entregó a sí mismo por nosotros, ofrenda y sacrificio a Dios en olor fragante"* (Ef. 4:32-5:2). Si queremos orar como Jesús oró y tener los resultados de poder que Él tuvo, tenemos que hacer también todo lo que Él hizo. Jesús vivió perdonando hasta que le traspasaron los manos y los pies con los clavos, y su única venganza fue decir en voz alta: *"Padre, perdónalos, porque no saben lo que hacen"* (Lc. 23:34). No importa lo que nos hayan hecho, hasta ahora nadie de nosotros ha sido maltratado y asesinado a pedradas como Esteban. Sigamos su ejemplo. Y *apedreaban a Esteban, mientras él invocaba y decía: Señor Jesús, recibe mi espíritu. Y puesto de rodillas, clamó a gran voz: Señor, no les tomes en cuenta este pecado. Y habiendo dicho esto, durmió* (Hch. 7:59-60).

Querido amigo y hermano. Te garantizo que pocas cosas son tan importantes en la vida cristiana como el caminar en amor y el perdonar. He descubierto que no puedo darme el lujo de no perdonar. He oído a muchas personas decir que no pueden perdonar porque se sienten heridas con alguien. La verdad es que no están heridas, pero sí están influidos por el demonio. Todo empezó cuando en respuesta a una ofensa permitimos que el odio y el resentimiento se apoderaran del corazón. La Biblia cataloga esto como una raíz de amargura. *"Mirad bien, no sea que alguno deje de alcanzar la gracia de Dios; que brotando alguna raíz de amargura, os estorbe, y por ella muchos sean contaminados"* (He. 12:15). La falta de perdón producirá una raíz de amargura en el corazón. Si la raíz no se saca a tiempo se hace parte de tu personalidad, te amarga, haces que los que te rodean sean contaminados con la misma actitud; y lo peor de todo, dejas de alcanzar la gracia de Dios.

¿Te das cuenta porqué Jesús le dio tanta importancia a esta parte del Padre Nuestro? Es evidente que al uno no perdonar se queda sin gracia. Como yo me negué a extender la gracia de perdón a otro, entonces, yo no puedo esperar que Dios me extienda la suya. No hay gracia para el perdón de mis pecados. No hay gracia para crecer en santidad; no hay gracia para recibir sanidad; no hay gracia para resistir al diablo; no hay gracia para recibir todos los beneficios de Dios. Esta es la razón número uno por la que tantos llamados creyentes están en derrota, no tienen una vida poderosa de oración, se enferman regularmente, y aun otros terminan su vida prematuramente. Hubiera sido más fácil simplemente orar, *"¡Y perdónanos nuestras deudas, como también nosotros perdonamos a nuestros deudores!"* (Mt. 6:12).

ENSÉÑANOS A ORAR

No te levantes del lugar de oración hasta tanto le hayas extendido el perdón a todos los que te hayan ofendido. Esto hay que hacerlo cada día porque cada día nos encontramos con situaciones que ameritan esto. No tienes que esperar ser ofendido para perdonar. Ora cada mañana: "Señor, en el nombre de Jesús le extiendo tu amor y perdón a todos los que me ofendan durante este día. Como tú me perdonaste yo también los perdono." ¿Quieres vivir una vida libre y llena de la unción y el poder de Dios? *"No juzguéis, y no seréis juzgados; no condenéis, y no seréis condenados; **PERDONAD, Y SERÉIS PERDONADOS"** (Lc. 6:37).

La otra opción no es muy agradable. *"Entonces, llamándole su señor, le dijo: Siervo malvado, toda aquella deuda te perdoné, porque me rogaste. ¿No debías tú también tener misericordia de tu consiervo, como yo tuve misericordia de ti? Entonces su señor, enojado, **LE ENTREGÓ A LOS VERDUGOS,** hasta que pagase todo lo que le debía. **ASÍ TAMBIÉN MI PADRE CELESTIAL HARÁ CON VOSOTROS SI NO PERDONÁIS DE TODO CORAZÓN CADA UNO A SU HERMANO SUS OFENSAS"* (Mt. 18:32-35).

Otra razón por la cual Jesús nos enseñó a orar en este forma es por lo que sigue en la oración del Padre nuestro. Antes de pedir ser libre de tentación y de la obra del maligno tenemos que cerrar esta puerta de oportunidad para Satanás. Satanás entra por la puerta del odio, el resentimiento y la falta de perdón. Pablo exhorta a los hermanos en Corinto: *"Y al que vosotros perdonáis, yo también; porque también yo lo he perdonado, si algo he perdonado, por vosotros lo he hecho en presencia de Cristo, para que SATANÁS NO GANE VENTAJA ALGUNA SOBRE NOSOTROS; pues no ignoramos sus maquinaciones" (2 Co. 2:10-11).* ¿Qué tú prefieres; que Satanás gane ventaja sobre ti, o que tú tengas todo el poder y la autoridad sobre él? Pues entonces ora siempre: *"Y perdónanos nuestras deudas, como también nosotros perdonamos a nuestros deudores!"* (Mt. 6:12).

ENSÉÑANOS A ORAR

Capítulo 9

"NO NOS METAS EN TENTACIÓN"

Uno de los propósitos de la oración es fortalecernos espiritualmente para vencer toda tentación que el enemigo nos trae para hacernos caer en pecado. Esto Jesús lo estableció definidamente cuando Él estuvo orando en Getsemaní la noche que fue entregado. La Biblia nos relata que Jesús tomó tres de sus discípulos más allegados y fue a orar en preparación para las horas difíciles que le esperaban. Este era el momento cuando Jesús necesitaba más el apoyo de sus discípulos. La realidad es que ninguno de ellos pudo orar porque se durmieron. Cuando Jesús se dio cuenta de esto, les dijo uno de los secretos más poderosos acerca del propósito de la oración: *"Velad y orad, para que no entréis en tentación; el espíritu a la verdad está dispuesto, pero la carne es débil"* (Mt. 26:41).

Si no tuviéramos ninguna otra razón para orar, ésta sería más que suficiente. Es evidente que todos somos tentados porque el mismo señor Jesús lo fue. *"Entonces*

ENSÉÑANOS A ORAR

Jesús fue llevado por el Espíritu al desierto, para ser tentado por el diablo" (Mt. 4:1). Una cosa es ser tentado, y otra es entrar en la tentación. **El secreto para no entrar en la tentación es mantener una vida constante de oración.** Cuando oramos nuestro espíritu es fortalecido y podemos así vencer la debilidad de la carne. Si caemos en tentación no podemos culpar a nadie de ello porque ya Jesús nos dio la clave de cómo caminar en victoria sobre el diablo y la tentación. La tentación no es otra cosa que una solicitud que Satanás hace a nuestra carne para que ella se someta a sus insinuaciones pecaminosas. Dependiendo de qué es más fuerte en tu vida, la carne o el espíritu; es que se decide la victoria de la persona cuando se enfrenta a la tentación.

Dios ha hecho una provisión para que siempre seamos más que vencedores sobre toda tentación. En el capítulo anterior hablamos detalladamente de la necesidad de caminar en amor y perdón para que Dios conteste nuestras oraciones. Una de las claves para vencer la tentación es nuestra actitud hacia los demás cuando ellos pecan. Pablo nos dijo: *"Hermanos, si alguno fuere sorprendido en alguna falta, vosotros que sois espirituales, restauradle con espíritu de mansedumbre, considerándote a ti mismo, no sea que tú también seas tentado"* (Gá. 6:1). Si tengo una actitud legalista y condenatoria hacia mi hermano que es sorprendido en alguna falta pecaminosa, existe la posibilidad y probabilidad que yo sea tentado en la misma área. Por lo contrario, si yo perdono y restauro, entonces no seré tentado. Por eso Jesús nos dijo antes de llegar a esta parte de la Oración Modelo, de cuan necesario es perdonar a mis semejantes. Casi siempre, la realidad es que caemos en el mismo pecado que no le queremos perdonar al otro.

¡No nos metas en tentación! Es una petición que le debemos hacer al Padre cada vez que oremos. En la misma forma que pedimos perdón por los pecados cada vez que oramos, debemos pedir cada día la poderosa gracia de Dios para no entrar en tentación. No te confundas con esta frase **¡No nos metas en tentación!** No es que Dios nos mete en tentación. Sería más correcto decir "No nos dejes entrar en tentación." Le estamos pidiendo a Dios que nos dé la gracia y el poder para resistir la tentación. Cuando estés orando declara que Dios te dará la victoria porque *sabe el Señor librar de tentación a los piadosos, y reservar a los injustos para ser castigados en el día del juicio* (2 Pe. 2:9); y *fiel es Dios, que no os dejará ser tentados más de lo que podéis resistir, sino que dará también juntamente con la tentación la salida, para que podáis soportar* (1 Co. 10:13).

¡No nos metas en tentación! Es una realización que la tentación es común a todos los hombres y tenemos que velar y orar cada día para no entrar en ella. No tenemos que vivir en un ciclo vicioso de pecar y arrepentirnos por la misma cosa todos los días. Cada día podemos ir a nuestro Sumo Sacerdote para ser socorrido en la tentación. Como Jesús vivió en esta tierra y nunca hizo pecado ni hubo engaño en su boca, Jesús te puede enseñar cómo poder resistir la tentación y vivir en el mismo nivel de vida victoriosa que Él vivió. *"Por lo cual debía ser en todo semejante a sus hermanos, para venir a ser misericordioso y fiel sumo sacerdote en lo que a Dios* *se refiere, para expiar los pecados del pueblo. Pues en cuanto él mismo padeció siendo tentado, es poderoso para socorrer a los que son tentados"* (He. 2:17-18).

La razón por la cual muchos no tienen victoria sobre la tentación es porque la quieren vencer en su propia fuerza. Muchos subestiman la actividad de Satanás y los demonios en su intento de neutralizar la efectividad de los creyentes, manteniéndolos bajo presión espiritual para hacerlos pecar. Jesús sabiendo esta realidad nos manda a velar y a orar para no caer en tentación. Es cierto que la carne es débil, pero podemos vencer la debilidad de la carne buscando los recursos que Dios ha provisto para nuestra victoria. No te hagas el fuerte y no trates de ignorar la realidad de la tentación. Acude al trono de la gracia cuando eres tentado y no tendrás que venir después que hayas sido derrotado por el pecado. Hay para ti una provisión doble de misericordia y gracia cuando eres tentado. *"Porque no tenemos un sumo sacerdote que no pueda compadecerse de nuestras debilidades, sino uno que fue tentado en todo según nuestra semejanza, pero sin pecado. Acerquémonos, pues, confiadamente al trono de la gracia, para alcanzar misericordia y hallar gracia para el oportuno socorro"* (He. 4:15-16).

Entendamos que a la misma vez que oramos, **¡No nos metas en tentación!;** tenemos que hacer las cosas correctas. No es que durante el momento de la oración, yo pida ser librado de tentación y luego yo le abra puertas al tentador durante el resto del día con mi mal comportamiento. Por eso es importante que durante el tiempo de oración presentemos nuestro cuerpo en sacrifico vivo de acuerdo a Romanos 12:1: *"Así que, hermanos, os ruego por las misericordias de Dios, que presentéis vuestros cuerpos en sacrificio vivo, santo, agradable a Dios, que es vuestro culto racional."* Dile al Padre que le estás presentando cada miembro de tu cuerpo para Su servicio y adoración y que en ese día tu cuerpo no será un instrumento de pecado, sino un instrumento de justicia. *"Hablo como humano, por vuestra humana debilidad; que así como para iniquidad presentasteis vuestros miembros para servir a la inmundicia y a la iniquidad, así ahora para santificación presentad vuestros miembros para servir a la justicia"* (Ro. 6:19).

A la misma vez que estás presentando tu cuerpo en sacrificio vivo, santo y agradable a Dios; vístete del Señor Jesucristo y no hagas ninguna provisión para la carne ese día (Ro. 13:14). Pídele al Padre que te vista de la santidad, la pureza, la humildad y el poder de Cristo para que puedas resistir firme en la fe a Satanás, que anda como león rugiente buscando a quien devorar.

Para poder vencer la tentación necesitarás un espíritu fuerte que viene como resultado de la oración y la Palabra. Recuerda que Jesús dijo que la carne es débil y cede fácilmente ante las insinuaciones pecaminosas de Satanás. Es solamente cuando velas y oras que podrás entonces caminar en el Espíritu y no tendrás que satisfacer los deseos de la carne. *"Digo, pues: Andad en el Espíritu, y no satisfagáis los deseos de la carne"* (Gá. 5:16). Muchos fracasan porque tratan de no satisfacer los deseos de la carne a la misma vez que andan en la carne. Otros han comprado la mentira que nadie puede vivir todo el tiempo libre de pecado y han optado por una vida mediocre, pecando cada mañana y arrepintiéndose cada noche. Jesús sabía lo que estaba diciendo cuando nos dejó esta poderosa oración. Él mismo tuvo que combatir contra el diablo y el pecado cada día de su existencia aquí en la tierra. ¿Cuál era su secreto? El mismo que nos dejó en la escritura. *"Velad y orad, para que no entréis en tentación; el espíritu a la verdad está dispuesto, pero la carne es débil"* (Mt. 26:41).

La voluntad de Dios es que lleguemos a la estatura de Jesús, de forma que cuando el diablo venga con sus tentaciones no encuentre nada en nosotros. Es evidente que lo que responde a la tentación es aquello que está dentro de mí que no es santo. *"Cuando alguno es tentado, no diga que es tentado de parte de Dios; porque Dios no puede ser tentado por el mal, ni él tienta a nadie; sino que cada uno es tentado, cuando de su propia concupiscencia es atraído y seducido"* (Stg. 1:13-14). Ora cada día: **¡No nos metas en tentación!** para que resistas la tentación y recibas la corona de vida. *"Bienaventurado el varón que soporta la tentación; porque cuando haya resistido la prueba, recibirá la corona de vida, que Dios ha prometido a los que le aman"* (Stg. 1:12).

Capítulo 10

"MAS LÍBRANOS DEL MALO"

Después que hemos orado **¡No nos metas en tentación!** y nos hemos asegurado que bajo ninguna circunstancia le daremos entrada a Satanás en nuestra vida; es que tenemos la autoridad para pedir que el Padre nos libre del mal. Si permitimos la tentación y el pecado en nuestra vida, no hay forma que podamos resistir al diablo y que huya de nosotros. Es la victoria sobre la tentación y el pecado lo que nos energetiza espiritualmente para entrar a la arena de la guerra espiritual.

Nadie está exento de los ataques de Satanás. Aprendamos a orar y pedirle al Padre , **"Mas líbranos del Maligno"**. Con nuestra posición de justicia, santidad personal, y habiendo perdonado a nuestros ofensores ahora tenemos la autoridad en oración para hacer nuestra parte, *"Resistid al diablo"*, y pedirle a Dios que haga la Suyas, *"Líbranos del malo"*

Las Santas Escrituras son muy específicas que hay una lucha entre la simiente de Dios y la simiente de la serpiente. Siempre Satanás ha querido frustrar los planes de Dios en la tierra viniendo en contra de los hijos de Dios, con la mira especialmente en aquellos que están siendo usados por Dios para hacer su obra y para destruir las obras de las tinieblas.

La oración se convierte en un campo de batalla para el creyente porque si Satanás logra sacarnos del lugar secreto con Dios, él sabe que tiene la guerra ganada. Jesús sabía de estos combates espirituales y nos advirtió de la necesidad de orar siempre y no desmayar. Es evidente que sus mismos discípulos no tomaron muy en serio la enseñanza de Jesús acerca de la Oración del Padre Nuestro. Esto lo prueba el hecho que tres de sus discípulos principales se durmieron en el momento más crítico de la lucha de Jesús en Getsemani.

Cuando llegas a esta parte de la oración, vístete de toda la armadura de Dios porque vas a entrar al campo de batalla espiritual. Después que Pablo nos exhorta a ser fuertes en el Señor y en el poder de su fuerza nos da la importancia de la preparación espiritual para ganar esta guerra contra Satanás y sus demonios:

Vestíos de toda la armadura de Dios, para que podáis estar firmes contra las asechanzas del diablo. 12 Porque no tenemos lucha contra sangre y carne, sino contra principados, contra potestades, contra los gobernadores de las tinieblas de este siglo, contra huestes espirituales de maldad en las regiones celestes. 13 Por tanto, tomad toda la armadura de Dios, para que podáis resistir en el día malo, y habiendo acabado todo, estar firmes. 14 Estad, pues, firmes, ceñidos vuestros lomos con la verdad, y vestidos con la coraza de justicia, 15 y calzados los pies con el apresto del evangelio de la paz.16 Sobre todo, tomad el escudo de la fe, con que podáis apagar todos los dardos de fuego del maligno. 17 Y tomad el yelmo de la salvación, y la espada del Espíritu, que es la palabra de Dios; 18 orando en todo tiempo con toda oración y súplica en el Espíritu, y velando en ello con toda perseverancia y súplica por todos los santos .—Efesios 6:11- 18

Es evidente que esto es una batalla real donde nos encontramos con el enemigo frente a frente. Aprovecha el tiempo de oración para fortalecer tu espíritu para la lucha y vístete con la armadura que Dios te ha provisto en Cristo. Te aconsejo que literalmente te pongas cada pieza de la armadura cada día.

1-**La correa de la verdad** mantendrá tus lomos bien ceñidos para que Satanás no te pueda doblegar. Es por medio de la verdad de la Palabra de Dios y la palabra revelada por el Espíritu Santo que vencerás los engaños y mentirse del diablo.

2-**Vístete la coraza de justicia** para proteger tu corazón (espíritu) de la culpa y condenación que el acusador de los hermanos trae. Por la fe en Jesús y su sangre eres justificado ante Dios.

3- **Calza tus pies con el apresto del Evangelio de la paz** para que tengas poder para hollar serpientes y escorpiones. Lleva el Reino de Dios dondequiera que vayas y demanda los territorios que Jesús quiere que tú poseas.

4-**Toma el escudo de la fe** para apagar todos los dardos de fuego del maligno: tentación, pecado, enfermedades, plagas, destrucción y muerte prematura. Esas flechas encendidas y venenosas que el diablo envía para destruir son inutilizadas por la fe en Dios y su Palabra.

5-**Ponte el yelmo de la salvación** que es la sangre de Jesús para proteger tus pensamientos y traerlos cautivos a la obediencia a Cristo..

6-**Tomando la Espada del Espíritu.** En todo tiempo mantén la Palabra de Dios en tu boca para que cada vez que el enemigo te tiente puedas decirle como Jesús: *"Escrito está."* En oración mantén la espada de la Palabra bien afilada para que puedas destruir las obras del diablo.

7-**No olvides la lanza del Espíritu.** *Orando en todo tiempo con oración y súplica en el Espíritu.* La oración en el Espíritu, especialmente en lenguas te habilita para orar la voluntad de Dios por todos los santos.

Recuerda que Satanás anda como león rugiente buscando a quien devorar. Él quiere devorar tu salud, tu libertad, tus finanzas, tu auto-estima, tu matrimonio, tus hijos, tu ministerio y aun tu propia vida. Pídele al Padre Celestial que te dé sabiduría para ver los lazos y trampas del enemigo.

Recuerda que si estás en obediencia al Señor y Su Palabra tienes derecho a la promesa que, *"Jehová derrotará a tus enemigos que se levantaren contra ti; por un camino saldrán contra ti, y por siete caminos huirán de delante de ti"* (Dt. 28:7).

Haz esto parte de tu oración. *"Padre, librame de los lazos secretos que pone el enemigo: virus peligrosos, accidentes en el trabajo, accidentes automovilísticos y de aviación. Líbrame de actos terroristas, de manos criminales que acechan en escondrijos, de comidas venenosas, de caídas y accidentes personales que yo provoque.*" Recuerda que tu Padre sabe exactamente dónde está el peligro que te acecha para destruir tu alma y aun tu cuerpo. Pídele a Dios por ti y por los tuyos *para que seamos librados de hombres perversos y malos; porque no es de todos la fe* (2 Ts. 3:2).

"Mas Líbranos del Malo." Se requiere fe para resistir al destructor. *Porque todo lo que es nacido de Dios vence al mundo; y esta es la victoria que ha vencido al mundo, nuestra fe* (1 Jn. 5:4). No escatimes en pedirle a Dios que te dé revelación de los métodos de operación de Satanás. Declara en oración que no serás vencido porque mayor es el que está en ti que el que está en el mundo, y que ninguna arma forjada contra ti prosperará. Con la autoridad de Isaías condena toda lengua que se levante contra ti en juicio. Esto incluye palabras de destrucción del enemigo contra ti, palabras de maldición de personas que no te quieren bien. Anula toda codicia y envidia que mueve a tus enemigos a hablar palabras en contra de tu éxito y progreso. *"Guíame, Jehová, en tu justicia, a causa de mis enemigos; endereza delante de mí Tu camino. Porque en la boca de ellos no hay sinceridad; sus entrañas son maldad, sepulcro abierto es su garganta, Con su lengua hablan lisonjas. Castígalos, oh Dios; caigan por sus mismos consejos; por la multitud de sus transgresiones échalos fuera, porque se rebelaron contra Ti.* (Sal. 5:8-10).

ENSÉÑANOS A ORAR

No te olvides de hacer un vallado de protección alrededor de tu vida, tu familia, y tus posesiones.

1. La sangre de Cristo- *"Porque Jehová pasará hiriendo a los egipcios; y cuando vea la sangre en el dintel y en los dos postes, pasará Jehová aquella puerta, y no dejará entrar al heridor en vuestras casas para herir"* (Éx. 12:23).

2. Escudo de la fe- *"Porque tú, oh Jehová, bendecirás al justo; Como con un escudo lo rodearás de tu favor"* (Sal. 5:12). *"Sobre todo, tomad el escudo de la fe, con que podáis apagar todos los dardos de fuego del maligno"* (Ef. 6:16).

3. Los ángeles de Dios- *"El ángel de Jehová acampa alrededor de los que le temen, y los defiende"* (Sal. 34:7).

4. Dios como muro de fuego- *"Yo seré para ella, dice Jehová, muro de fuego en derredor, y para gloria estaré en medio de ella"* (Zac. 2:5).

5. El Nombre de Jesús- *"Torre fuerte es el nombre de Jehová; a él correrá el justo, y será levantado"* (Pr. 18:10).

"Mas Líbranos del Malo." Recuerda que esta es la parte más belicosa de tu oración. Permítele libertad al Espíritu Santo para reprender demonios, situaciones y cosas que el diablo traiga en tu contra. Dile a Satanás que él no tiene ningún derecho legal de hacerte pecar, de poner enfermedad en tu cuerpo, de tocar tus finanzas y de provocarte una muerte prematura.

Para concluir esta parte de la oración hay dos escrituras que yo declaro que son muy significativas, Job 1:10 y el Salmo 91. La primera porque es una de las verdades más poderosas que Satanás ha dicho en la Biblia acerca de la protección de Dios a sus siervos. Este es el testimonio de Satán acerca de Job: *¿No le has cercado alrededor a él y a su casa y a todo lo que tiene? Al trabajo de sus manos has dado bendición; por tanto, sus bienes han aumentado sobre la tierra.* —Job 1:10

"Mas Líbranos del Maligno" Estás orando mi hermano querido en la presencia de Dios Padre, tu Señor Jesús con la asistencia del Espíritu Santo y con ángeles guerreros que acampan alrededor de los que temen a Dios.

Dile a tu Padre que te ama con amor eterno: *"Jehová Nissi, que Satanás vea como Tú, mi Padre, me has puesto un cerco alrededor de mí, de mi casa y de todo lo que poseo. Jehová Jireh, al trabajo de mis manos dale bendición para que mis bienes aumenten sobre la tierra, y pueda ser un instrumento tuyo para llenar la tierra con la gloria de Dios."* ¡Aleluya¡

La segunda escritura del Salmo 91, aquí está el secreto mayor de cómo vivir dentro de la protección de Dios, en un lugar donde ni aun el diablo puede tocarte. Asegúrate que estás viviendo en la voluntad de Dios y que tu corazón está limpio para subir al Monte Santo de Jehová Dios y entonces tendrás Fe y confianza para orar: *Como yo habito bajo la sombra de tus alas, ninguna arma forjada contra mí prosperará y condeno toda lengua que se levante contra mí en juicio, difamación o mentira."*

Te invito a subir al lugar más seguro del Universo. Este es el lugar que tú visitas cada día cuando te encuentras con tu Padre Dios en el lugar secreto de su presencia.

[1] El que habita al abrigo del Altísimo, morará bajo la sombra del Omnipotente.

[2] Diré yo a Jehová: Esperanza mía, y castillo mío; Mi Dios, en quien confiaré.

[3] El te librará del lazo del cazador, de la peste destructora.

[4] Con sus plumas te cubrirá, y debajo de sus alas estarás seguro; escudo y adarga es su verdad.

[5] No temerás el terror nocturno, ni saeta que vuele de día,

[6] Ni pestilencia que ande en oscuridad, Ni mortandad que en medio del día destruya.

[7] Caerán a tu lado mil, y diez mil a tu diestra; mas a ti no llegará.

[8] Ciertamente con tus ojos mirarás y verás la recompensa de los impíos.

[9] Porque has puesto a Jehová, que es mi esperanza, al Altísimo por tu habitación,

[10] No te sobrevendrá mal, Ni plaga tocará tu morada. —Salmo 91:1-10

MÁS LÍBRANOS DEL MALO

Y ellos le han vencido por medio de la sangre del Cordero y de la palabra del testimonio de ellos, y menospreciaron sus vidas hasta la muerte. Apoc. 12:11

Capítulo 11

"TÚYO ES EL REINO, EL PODER, Y LA GLORIA"

Estamos casi terminando nuestra jornada de oración. Hemos cubierto en nuestra oración al Padre cada necesidad y situación que amerita la atención de Dios. Sabemos que le hemos pedido a un Padre bueno, quien se deleita en darnos todas las cosas mucho más abundante-mente de lo que pedimos o imaginamos. Por la gracia de Dios los cielos se han abierto y las riquezas de lo alto nos son dadas. El nombre de Jesús se nos ha revelado en los ocho nombres redentores de Jehová Dios. Todo en la tierra y en el cielo tiene que someterse a la sola mención de ese Nombre.

Hemos orado por la manifestación del Reino de Dios en la tierra. A la misma vez, sabemos que este Reino no se podrá manifestar plenamente a través de nosotros hasta que sometamos nuestra voluntad a la voluntad de Dios. Entonces es que podemos decir, *"Sea hecha Tu voluntad en la tierra como es hecha en los cielos."* Al poner el Reino de Dios en primer lugar y someter nuestra voluntad a la voluntad de Dios tenemos la autoridad para pedir la provisión del pan de cada día. No importa cuál sea la necesidad, sabemos y creemos que *mi Dios suplirá todo lo que nos falte conforme a Sus riquezas en gloria en Cristo Jesús.*

La oración del Padre Nuestro es la oración más completa que uno puede hacer. Todo detalle de nuestra vida diaria está incluido. Se nos enseña que mi perdón está condicionado a que primero yo perdone a los que me ofenden. Si hacemos está oración con sinceridad no hay forma que el pecado o el diablo puedan tener victoria sobre nosotros. Tengo la garantía que si velo y oro, no voy a entrar en tentación. Para que Satanás no gane ventaja sobre mí cada día, someto mi cuerpo al Espíritu Santo y no hago provisión para la carne. En esta forma, tengo la seguridad que cada día seré librado del mal. No me retiro del lugar de oración hasta que sé que estoy vestido con la armadura de Dios y que he levantado un vallado de protección alrededor de mí y de los míos.

No puedo concluir esta poderosa oración sin antes regresar al punto de partida. Empecé reconociendo al Padre que está en los cielos, ante Quien se somete todo lo creado y Quien es digno de toda la gloria, honor y alabanza. Puedo decir que comencé adorando y termino de la misma forma. *"Porque Tuyo es el reino, el poder y la gloria por todos los siglos."* En esta forma estoy declarando que todo lo que he pedido y orado se va a cumplir porque el Padre, a quien yo oro, es el dueño del reino, el poder y la gloria. No hay manera que mi oración no sea efectiva. Comencé orando a un Padre quien tiene la mejor disposición de darle a sus hijos todo lo que necesitan para esta vida y la por venir. Termino reconociendo y declarando que ese Padre también es la **AUTORIDAD SUPREMA** del Universo, y por lo tanto, yo debo concluir la oración con la seguridad absoluta que nada es imposible para Él. Es seguro que el Padre que me oyó en secreto me va a recompensar en público. ¡Aleluya!.

"Te alabo y te adoro mi Dios, porque Tuyo es el Reino." Reconozco que estoy orando dentro de la dimensión de un Reino espiritual, un reino de poder, de santidad, donde hay abundante provisión para todas mis necesidades. Sucede que el mismo que es mi Padre que está en los cielos es el Rey Supremo de ese reino eterno e inconmovible. Como ese es el Reino de mi Padre, también es mi Reino. No porque yo sea su dueño, sino porque por la sangre de Cristo soy heredero del Reino. Humildemente puedo decir y decla-rar que las riquezas de ese Reino son mías porque soy heredero de Dios y coheredero con Cristo. Cuando yo pido en fe lo que la Palabra me promete, no es una señal de arrogancia o de atribuirme poderes que no me correspon-den. El mismo Jesús ya me dijo: "No temáis, manada pequeña, porque a vuestro Padre le ha placido daros el reino" (Lc. 12:32). En acuerdo con esta declaración, yo tengo el derecho legal de ir al Padre en oración y de pedirle cada día que me dispense todas las bendiciones que hay en Su Reino, de los cuales yo soy heredero legal.

"Hermanos míos amados, oíd: ¿No ha elegido Dios a los pobres de este mundo, para que sean

ricos en fe y herederos del reino que ha prometido a los que le aman?"—Stg. 2:5

Cuando tú oras **¡Porque Tuyo es el Reino!**, eso te debe producir fe y creer que la abundancia del Reino de Dios es para ti. Alaba y adora al Padre porque el Reino es Suyo y porque tú también estás en ese Reino. Declara con fe y firmeza:

1. Que estás orando para la gloria de Dios.- Dile al Padre que lo que te mueve a orar no es tanto tu necesidad, sino el hecho de que cuando Él contesta tu oración le traerá gloria a Él y a Su Reino.

2. El dominio y autoridad de Dios sobre todas las cosas.- Ten fe y confianza que Su Reino domina sobre todo y que no hay problema o circunstancia que no se doblegue ante el Reino de Dios.

3. Que ese Reino es eterno e inconmo-vible.- Recuerda que las situaciones negativas por las que estás pasando ahora no son eternas. Da gracias porque has recibido un Reino eterno e inconmovible.

4. Todo otro reino será conquistado por el Reino de Dios.- Dile al Padre que tú no tienes tu propio reino independiente del Reino Dios. Recuerda que el reino de las tinieblas que se te opone tenazmente será conquistado sólo por el Reino de Dios

5. Que ese Reino está dentro de ti.- Da gloria a Dios que el Reino de Dios está dentro de ti. No te dejes distraer ni confundir por lo que el diablo hace afuera de ti.   Mayor es el que está en ti que el que está en el mundo.

6. Que tú recibes por la fuerza la manifestación de ese Reino.- Estate dispues-to a pelear en el Espíritu por todo lo que el Reino de Dios te promete. El reino de los cielos se hace fuerte y sólo los valientes lo toman por la violencia.

7. Que tú harás todo lo que está a tu alcance para la extensión de su Reino.- Recuerda que esto de que el Reino es de Dios y también es tuyo conlleva grandes responsa-bilidades. No seas como aquellos que quieren vivir gratis en su país sin pagar los impuestos. Tú eres responsable de orar, trabajar y contribuir para que el Reino de Dios se extienda a todas las naciones y también bendiga a toda tribu, nación y lengua.

"Te alabo y te adoro mi Dios porque Tuyo es el Poder." No creo que haya un creyente que sea consciente de su debilidad humana y de lo frágil que se siente ante las demandas de esta vida. Una de las razones por las cuales oramos, es que sabemos que separados de Dios nada podemos hacer. Cometemos un gran error si creemos que nuestra propia fe y habilidad es suficiente para poder operar en esta vida. Ya hemos reconocido que el Reino es de Dios. Es muy significativo que primero reconocemos que el Reino es de Dios. Ahora podemos entender   que es en ese Reino donde reside toda la plenitud del poder de Dios. Es evidente que si el Reino de Dios viene, también viene el poder de Dios juntamente. ¿Cómo se va a resolver todo lo que has orado y pedido? *Porque tuyo es el poder.* Le estoy diciendo al Padre: "He orado de acuerdo a como Jesús me enseñó a orar. He hecho y he dicho todo lo que puedo de acuerdo a mis fuerzas, pero ahora necesito la manifestación de tu poder para recibir la respuesta a mis oraciones. Como Tuyo es el poder, Tú lo vas hacer. ¿Cómo, ni cuándo? Yo no sé, pero si sé que mi confianza está en *Aquel que es poderoso para hacer todas las cosas mucho más abundantemente de lo que pedimos o entendemos, según el poder que actúa en nosotros"* (Ef. 3:20).

Porque Tuyo es el poder, puedo terminar mi oración, *"pensando que Dios es poderoso para levantar aun de entre los muertos"* (He. 11:19). Adora y magnifica a Dios porque Él es el Dios todopoderoso y tu recompensa será sobremanera grande. Declara con fe y firmeza ante hombres y demonios:

1. Que todo poder reside en Dios.- Por lo tanto tú tienes que mantenerte conectado a la fuente del poder por medio de la comunión diaria con la Palabra y la oración.

2. Que Dios tiene poder en los cielos y en la tierra.- No hay un lugar en este vasto universo que no está bajo la influencia del poder de Dios.

3. Que todo demonio y enfermedad se somete ante el poder de Dios.- Dios quiere usar sus hijos para que manifiesten su poder para que los endemoniados sean libres y los enfermos sean sanados.

4. Que Dios da Su Poder a los hombres. Es la voluntad de Dios que sus hijos manifies-ten en la tierra el mismo poder que Dios tiene en los cielos.

5. "Dios, dame la plenitud de Tu poder." Haz esta oración para que puedas operar en la tierra en el mismo poder que Jesús operó, salvando los perdidos, liberando los cautivos y sanando a todos los oprimidos por el diablo.

6. La manifestación del Reino trae el poder de Dios.- El Reino de Dios no consiste en palabras sino en poder. Pide que Su Reino se manifieste para que también Su poder se manifieste.

7. Que por el poder de Dios vives santo, libre y sano.- Da gracias cada día que es por el gran poder de Dios que puedes vivir en santidad, libre del pecado; en sanidad, libre de enfermedad; y en libertad, libre de esclavitud demoníaca. ¡Aleluya!

"Te alabo y te adoro mi Dios porque Tuya es la gloria." ¡Qué importante es que sepamos que todo lo que hacemos, lo hagamos para la gloria de Dios. Lo peor que pudiéramos hacer es buscar nuestra propia gloria. Estamos terminando la oración y no podemos olvidar que todo lo que recibamos del padre, que todo lo que podamos hacer en su reino, que todo poder que podamos manifestar debe ser siempre para la gloria de Dios. Los seres humanos somos muy dados a tomar crédito, aun por las cosas que recibimos en respuesta a nuestra fe. Recuerda que todo lo que recibimos del Padre en respuesta a nuestra fe es sólo por Su gracia.

"Porque Tuya es la gloria, Padre te damos alabanza, y reconocemos que todo lo que tenemos es tuyo. Bajo ninguna circunstancia llegaré a creer que lo que he recibido de ti, es porque yo sea digno o me lo merezca.

Como es sólo por la obra de tu gracia, te doy a ti toda la gloria. Padre, gracias por este tiempo glorioso de oración. Te alabo y te adoro y hoy declaro con humildad":

1. Que la gloria de Dios llena toda la tierra.- El brillo de la presencia y la realidad de Dios llena toda la tierra. Esa misma gloria llena todo espacio vacío en mi vida. Mi Dios suplirá todo lo que me falte conforme a sus riquezas en gloria en Cristo Jesús.

2. Que vivo para la gloria de Dios.- No tengo otra motivación que dedicar todas mis fuerzas y mis energías a darle la gloria a Dios.

3. Que todo lo que hago o hablo será para Su gloria.- Quiero que mis buenas obras sean hechas en Dios y que los hombres vean esas buenas obras y le den la gloria al Dios que está en los cielos.

4. Que nunca buscaré mi propia gloria.- Yo rehúso tener mi agenda personal, donde estoy usando la fe y el poder de Dios para promoverme o para avanzar mis ambiciones personales en vez de avanzar la gloria del Reino de Dios.

5. Que Su gloria mayor se manifieste en Su Iglesia.- Antes que buscar mis propios beneficios, debo orar para que la gloria de Dios se manifieste en Su Iglesia con mayor intensidad que lo que se manifestó en el Viejo Pacto.

6. Gracias que Jesús me devolvió Tu gloria.- Por causa del pecado estaba destituido de la gloria de Dios, pero por medio de la sangre de Jesús he sido regresado a la gloria de Dios.

7. Que en este día llevo Su gloria dondequiera que vaya.- Como Jesús me aseguró que la gloria que el Padre le dio, Él me la dio, cada día yo puedo salir de mi lugar de oración lleno de la gloria de Dios.   Por medio de la manifestación de esa gloria los pecadores serán salvados, los cautivos serán libertados y los enfermos serán sanados." ¡Aleluya!

"Porque Tuyo Es el Reino, el Poder y La Gloria por Todos los Siglos." Amén

Apéndice

Bosquejo De La Oración Del Padre Nuestro

A. PADRE NUESTRO- Audiencia con el Padre, adoración

1. Reconoce tu relación y comunión con Dios (Padre a Hijo). Eres un hijo engendrado por la voluntad del Padre.

2. Gracias que por la sangre eres Hijo y puedes llamarle Abba Padre (por el Espíritu de Adopción) y puedes heredar.

3. Declara cuan amor nos ha dado el Padre para ser su hijo.

4. Gracias por la Obra de Intercesión de Jesús a la derecha del Padre.

5. Recuerda que la oración es una transacción de un hijo que tiene fe en la fidelidad y abundancia de su Padre.

6. Gracias que es un Padre bueno que se compadece de sus hijos.

7. Gracias que entras al lugar secreto con el Padre.

8. Gracias que das buenas cosas a los que te piden.

9. Da gracias que lo que pides tendrás porque el Padre mismo te ama.

10. El Padre busca adoradores, adórale por quien Él es, lo que hace y lo que hará por ti,

B. QUE ESTÁS EN LOS CIELOS- Entrando a la dimensión del Reino de los Cielos.

1. Oración hace una conexión entre la tierra y el cielo

    a. Donde el Padre Mora- Lugar del Trono, autoridad y gobierno- Mt. 5:34, 35

    b. El lugar de su tesoro

    c. Toda buena dádiva viene del cielo. Si nos dio al Hijo......

    d. Cosas que Ojo no vio...

    e. Toda bendición en lugares celestiales

    f. Salomón oro: "Tú oirás desde el cielo (8 veces)." Jehová contestó: "Yo oiré desde los cielos (1 vez)."

    g. La tierra desata lo que el cielo tiene.

2. **El Cielo se abre:**

    a. Para los Hijos- Lc. 3:21, 22

    b. Humillación – Los pobres en espíritu reciben el Reino.

    c. Oración buscando Su Rostro

    d. Arrepentimiento

    e. Dispuesto a cumplir toda justicia.

    f. Obedecer para hacer la voluntad de Dios (Ministerio)

    g. Diezmos y ofrendas

    h. Insisten en oración hasta que.... Daniel, la viuda, el hombre importuno.

C. **SANTIFICADO SEA TU NOMBRE- La llave que abre el tesoro del Cielo.**

    1. Reconocer, adorar, loar, honrar Su Nombre

    2. Líbranos de tomar el Nombre en vano.

    3. El Nombre conlleva todo lo que Dios es y puede hacer.

    4. Proclamando el Nombre de Jehová- los 8 nombres redentores de Jehová

    5. El Nombre me da acceso al Cielo (El código para abrir el cielo).

    6. El Nombre es Torre Fuerte.

    7. Tres mundos se someten al Nombre.

D. **VENGA TU REINO- Pidiéndole poder y la autoridad de Dios.**

    1. El Reino manifiesta todo lo que el Nombre ha conseguido.

2. Poner el Reino en primer lugar y no tener ansiedad.

3. Que el Reino, dominio, gobierno, autoridad y poder Tuyo se manifiesten en: mi vida, mi familia, mi iglesia, mi país.

4. Que Tu reino, venga, se imponga, prevalezca y se establezca en cada área de mi vida.

5. Que la justicia, paz y gozo de Tu Reino se manifiesten hoy.

6. La manifestación del Espíritu con el Poder del Reino.

7. Que la sanidad del Reino se manifieste.

8. Que los demonios no se aguanten ante la presencia del Reino de Dios.

9. La salvación de pecadores

10. Que Tu Reino se establezca en cada nación por medio de la predicación del Evangelio.

11. Qué Jesús venga y establezca Su Reino literal en esta tierra.

E. **HÁGASE TU VOLUNTAD- Consagración a la voluntad de Dios.**

1. Hijos hacen voluntad del Padre.

2. Renunciamos a nuestra voluntad

3. Para que el Reino venga por medio nuestro

4. Me someto sin reservas a Su voluntad

5. Renunciamos a las tres cosas que se oponen a la voluntad de Dios: los deseos de la carne, los deseos de los ojos, y la vanagloria de la vida.

6. Pedimos que el Padre nos enseñe a hacer su voluntad.

7. Como está escrito en el rollo de la Biblia.

8. Recibe la voluntad del Padre.

9. Ora por la voluntad de Dios en cada área de tu vida, iglesia y el mundo.

F. EL PAN NUESTRO DE CADA DÍA- Provisión Diaria

1. Los Padres alimentan los hijos en su voluntad. El pan es para los hijos.

2. Pan del cielo les dio a comer.

3. La promesa de comer del maná escondido.

4. Pan de la Revelación de Jesús- Me como los 8 nombres de Jesús.

5. Pan de la Revelación de la Palabra- No sólo de pan...

6. Pan de la Voluntad de Dios (Oír su Voz, dirección)

7. Pan de la Sabiduría del cielo- Me como el rollo

8. Pan de la Sanidad y Liberación

9. Pan de la Provisión diaria- Maná. ¿Qué es esto?

10. El Pan (Palabra) para yo alimentar a otros.

G. PERDÓNANOS NUESTRAS DEUDAS- Confesión y Perdón

1. Gracias por el perdón de todos mis pecados.

2. Yo perdono para ser perdonado.

3. Como hijo amado de Dios, lo imito perdonando a mis enemigos.

4. Recibo la gracia de Dios para perdonar.

5. Ninguna raíz de amargura se albergue en mi corazón.

6. Mi fe obra porque camino en amor y perdón.

7. Como mi corazón no me reprende lo que pida me es hecho.

8. En lo que depende mí, estaré en paz con todos los hombres.

H. NO NOS METAS ES TENTACIÓN- Victoria sobre el pecado

1. Velad y orad para no caer en la tentación.

2. Como perdono y restauro, no seré tentado- Gá. 6:1

3. Declarar que Dios libra de tentación a los piadosos.

4. Tengo un Sumo Sacerdote que socorre a los que son tentados.

5. Pide revelación para ver la salida en la tentación.

6. Vengo al trono de la gracia para recibir misericordia y gracia para el oportuno socorro.

7. Presento mi cuerpo en sacrificio vivo.

8. No hago provisión para la carne y no doy lugar al diablo.

9. Camino en el espíritu y no satisfago los deseos de la carne.

10. Resisto la tentación y recibo la corona de vida.

I. **LÍBRANOS DEL MALO- Victoria sobre Satanás**

1. Sabiduría para ver los lazos y trampas del maligno.

2. Líbrame de los lazos secretos que pone el enemigo: virus peligrosos, accidentes en el trabajo, automovilísticos y de aviación, actos terroristas, manos criminales que asechan en escondrijos, comidas venenosas, caídas y accidentes personales que yo provoque.

3. Líbranos de hombres malos y perversos.

4. Fe para resistir al destructor. Fe es la victoria que vence al mundo, resisto al diablo en la fe.

5. Ninguna arma prosperará y condeno toda lengua.

6. Me pongo la armadura de Dios.

7. Hago un vallado de protección- sangre, escudo de Dios (fe), los ángeles, Dios es muro de fuego alrededor de su pueblo, el nombre de Jesús.

8. Declaro Job 1:10

9. Declaro el Sal. 91

J. **TUYO ES EL REINO, EL PODER, Y LA GLORIA-Declaración de autoridad y dominio. Para concluir tu oración declara:**

1. Que estás orando para la gloria de Dios.

2. El dominio y autoridad de Dios sobre todas las cosas.

3. Que ese Reino es eterno e inconmovible.

4. Todo otro reino será conquistado por el Reino de Dios.

5. Que ese Reino está dentro de ti.

6. Que tú recibes por la fuerza la manifestación de ese Reino.

7. Que tú harás todo lo que está a tu alcance para la extensión de Su Reino.

8. Que todo poder reside en Dios.

9. Que Dios tiene poder en los cielos y en la tierra.

10. Que todo demonio y enfermedad se somete ante el poder de Dios.

11. Que Dios da Su Poder a los hombres.

12. "Dios dame la plenitud de Tu poder."

13. La manifestación del Reino trae el poder de Dios.

14. Que por el poder de Dios vives santo, libre y sano.

15. Que la gloria de Dios llena toda la tierra.

16. Que vives para la gloria de Dios.

17. Que todo lo que hagas o hables será para Su gloria.

18. Que nunca buscarás tu propia gloria.

19. Que su gloria mayor se manifieste en Su Iglesia.

20. Gracias que Jesús me devolvió Tu gloria.

21. Que en este día llevas Su gloria dondequiera que vayas.

ENSÉÑANOS A ORAR

Made in the USA
Middletown, DE
01 May 2022